Vera F. Birkenbihl

Wissens-Spiele

4. Auflage

Bibliografische Information der Deutschen Bibliothek

Die Deutsche Bibliothek verzeichnet diese Publikation in der Deutschen Nationalbibliografie; detaillierte bibliografische Daten sind im Internet über http://dnb.ddb.de abrufbar.

ISBN 978-3-89749-360-5

Alle Abbildungen: Vera F. Birkenbihl
Lektorat: Anita Brandmair
Umschlaggestaltung: Neppe Mediengestaltung, Hainburg
Umschlagillustration: Vera F. Birkenbihl
Satz: JUNFERMANN Druck & Service, Paderborn
Druck: Salzland Druck, Staßfurt

© 2003 GABAL Verlag GmbH, Offenbach

4. Auflage 2011

Alle Rechte vorbehalten. Vervielfältigung, auch auszugsweise, nur mit schriftlicher Genehmigung des Verlages.

Aktuelles und Nützliches für Beruf und Karriere finden Sie unter:
www.gabal-verlag.de – More success for you!

Die Autorin hält es mit der *Frankfurter Allgemeinen Zeitung* und setzt auf die alte Rechtschreibung.

WIDMUNG

Diese ersten Wissens-Spiele widme ich
1. allen Menschen, die bereit sind, ständig (lebenslang) weiter zu lernen und ihre Insel (ihren geistigen Horizont) zu er-WEIT-ern, wenn ich Sie davon überzeugen kann, daß das wirklich vollkommmen SPIEL-erisch möglich ist.
2. allen LehrerInnen, die ständig auf der Suche sind, die Vermittlung von „Lernstoff" für ihre SchülerInnen leichter zu gestalten und die keine Angst davor haben, sich in ein Thema hineinzu-SPIEL-en, weil sie begreifen, daß solche SPIEL-chen den Boden bereiten (metaphorisch pflügen und „säen"), weil sie wissen, daß solche Saaten später wunderbar „aufgehen" werden,
3. allen „Versuchskaninchen" mit denen ich in stundenlangen Telefonaten alle SPIELe vorab getestet habe, ehe ich sie in ein Seminar oder Buch einbringe, sowie
4. allen Vortrags- und Seminar-TeilnehmerInnen, die immer wieder staunen, in welch kurzer Zeit man eine Einführung in ein Wissens-Gebiet erhalten kann, nur weil man das Thema „ge-SPIEL-t" hat. (Man kann nämlich jedes Wissens-Thema ähnlich einem musikalischen spielen – und genau darum geht es in diesem Buch.)

Vera F. Birkenbihl
www.birkenbihl.de

Inhalt

Hier geht's los	9
Einstiegs-Quiz	9
Assoziationen	11
Aufbau des Buches	15

1 Modul 1 – Mit Namen spielen ... 16

Etwas Hintergrund	16
Mit Namen spielen – viele Varianten	20
Das erste Spiel	21
Dreimal MÜLLER	23
MÜLLER Nr. 1: Der Macho	23
MÜLLER Nr. 2: Die Mathematikerin	23
MÜLLER Nr. 3: Der Warmduscher	24
Variante 1: Das Kennenlern-Namens-Spiel	27
Spielregeln	27
Variante 2: Das „Man-kennt-sich-doch"-Namens-Spiel	29
Variante 3: Das „andere" Namens-Spiel	30
Variante 4: Das berühmte (historische) Namens-Spiel	30
Variante 5: Das „Begriffe-sind-auch-Namen"-Spiel	30
Zusammenfassung	30
Wort-BILD (KaGa©) oder WORT-Bild (KaWa©)?	32

2 Modul 2 – Mit Wissen spielen ... 41

Begriffe sind Namen	41
Die beiden Variationen	42
Die beiden Spiel-Arten	43
Die Couvert-Technik©	44
Wort-Bilder als Wissens-Speicher	45
Experimentelles Lern-Spiel	47
Variationen	47
Experiment zu Embargo	48
Können KaWa.s© und ABC-Listen Wissens-Speicher sein?	50
Beispiel 1: Bienen	50

3 Modul 3 – ABC-Listen und KaWa.s© als Wissens-Speicher 56
Weitere Fallbeispiele 56
- Beispiel 2: Zusatz-ABC zu „K": Killerbienen 56
- Beispiel 3: Lesen 59
- Mini-Quiz 62
- Beispiel 4: BBC-Special über unglaubliche Selbstheilungskräfte 64
- Beispiel 5: Gicht 74
- Beispiel 6 : Konfliktforschung (Was deutet auf Krieg?) 77
- Beispiel 7: Steinadler 79
- Beispiel 8: Der Winterschlaf der Bären – einmalig in der Welt! 82
- Beispiel 9: arte-Themenabend Mathematik 87
Zum Schluß einige Spiel-Variationen 90
- Spiel-Regeln für eine Person (Basis Wissens-Spiel) 90
- Vier Variationen für mehr als eine Person 90
  1. Spiel-Regeln für zwei bis drei Personen (Vergleichs-Spiel) 90
  2. Spiel-Regeln für kleine Gruppen (Vortrags-Variante) 91
  3. Quiz-Sendung 91
  4. Vorträge mit Video-Vergleich 92

4 Modul 4 – Quiz-(Fragen-)Spiele 94
- Das Quiz – Runde 1: Wissen oder nicht-wissen ...? 96
- Das Quiz – Runde 2: Antworten prüfen oder ergänzen? 98
- Das Quiz – Runde 3: Faszinierend, was Sie (jetzt) alles wissen! 101
- Der Quiz-Effekt© – Wissens-Erwerb ohne zu „lernen"! 102
- Fazit 108
- Vorschlag 109

Anhang
- Merkblatt Nr. 1: Das Embargo-Experiment 112
- Merkblatt Nr. 2: Stichwort „Gedächtnis" 116
- Merkblatt Nr. 3: 10 Strategische Ansätze 118

Literaturverzeichnis 119
Stichwortverzeichnis 120

Hier geht's los

Dieses Spiele-Buch kann sowohl als **Hinführung** als auch als **Postscriptum** zu meinem Buch-Seminar *Das große Analograffiti-Buch* gesehen werden, in welchem ich **die Denk-Techniken hinter den Denk-Tools**, mit denen wir in diesem Buch ja „nur" **spielen**, vorstelle.

DENK-Tools: Analograffiti

1. Es kann **Hinführung** sein, weil man diese Denk-Werkzeuge hier spielerisch kennenlernt. Später möchte man sie dann vielleicht einsetzen, wenn man „echt nachdenken" muß, um Probleme im (beruflichen wie privaten) Alltag **kreativ** anzugehen.
2. Es kann aber auch als **Postscriptum** dienen, sowohl jenen, die sich über **weitere Anwendungsbeispiele** freuen, als auch für Analograffiti-Trainer, die einen weiteren möglichen Einstieg suchen.

Haben Sie Schreibzeug? Das heißt Stifte **und** Papier (große Bogen, DIN A 4 oder größer wäre gut). Beginnen wir mit drei kleinen Experimenten.

Einstiegs-Quiz

1. **Was könnten die folgenden Bilderrätsel bedeuten?** Tragen Sie die **erste** mögliche Antwort, die in Ihnen „auftaucht", bitte hier ein!

1. Aufgabe

a) _____

b) _____

c) _____

d) _____ und

e) _____

Bitte noch etwas Geduld, die **Auflösung** folgt in **Modul 1**. Sie können natürlich gleich nachsehen (auf den Seiten 32–40), aber Sie könnten auch noch etwas warten, bis Sie sich „dorthin" gelesen haben und in der Zwischenzeit vielleicht einige Freund-Innen fragen und vergleichen, was ihnen so einfällt?

Assoziationen

2. In der zweiten Aufgabe **suchen wir Assoziationen zu einem Thema**, allerdings auf eine besondere Weise.

2. Aufgabe

Wir suchen nämlich Begriffe, deren **Anfangsbuchstaben** die Buchstaben unseres **Schlüsselwortes**, z.B. „**F-E-R-I-E-N**", ergeben. Na, was fällt Ihnen als erstes ein? Bitte notieren Sie jeweils Ihre allererste Idee:

F → _____

E → _____

R → REISEPÄSSE

I → _____

E → _____

N → _____

Wenn sich Buchstaben in einem Wort **wiederholen** (hier das „E"), haben wir die Wahl, ob wir mehrmals zu diesen Buchstaben assoziieren wollen.

Erinnern Sie sich noch an **Stadt-Land-Fluß-Spiele**? Dann wissen Sie: Solange man regelmäßig spielt, ist man „gut" (manche sogar brillant!). Hört man auf, **sinkt unsere Kompetenz rapide**, und wer nach vielen Jahren zum ersten Mal wieder zu spielen beginnt, tut sich schwer. Wer aber einige Spielrunden durchsteht, stellt zu seiner **großen Überraschung** fest, daß man **in sehr kurzer Zeit den Grad der Kompetenz wieder erreicht**, den man damals hatte. Weiteres Training macht uns natürlich besser. Ich nenne dies den **Stadt-Land-Fluß-Effekt**©, der sich natürlich auf jedes Wissens-Gebiet übertragen läßt.

Für LeserInnen aus der Schweiz: Wir meinen das Geographie-Spiel – wir versuchen möglichst viele Städte, Länder und Flüsse zu bestimmten Buchstaben aufzuschreiben.

Hätten Sie früher regelmäßig Stadt-Land-**Ferien** gespielt und hätten Sie niemals zu spielen aufgehört, dann wäre Ihnen bei der zweiten Aufgabe so viel eingefallen, daß Sie Mühe gehabt hätten, die **erste** Assoziation zu notieren, weil sich Ihnen eine

12 Birkenbihl: Wissens-Spiele

Falls Sie unzufrieden mit Ihrem Ergebnis bei Aufgabe Nr. 2 waren: Wählen Sie vielleicht ein anderes Thema, mit dem Sie sich gut auskennen und wiederholen Sie die Aufgabe mit einem anderen Schüsselwort.

zweite, dritte, vierte etc. aufgedrängt hätte, noch ehe die erste notiert worden wäre. Andernfalls ... Frage: **Wie schwer oder leicht fanden Sie die Aufgabe?**

Inzwischen dürfte klar sein: Die Bezeichnung „schwer" oder „leicht" kann sich niemals auf „nackte" Aufgaben (im Vakuum) beziehen, sondern die Beurteilung entsteht immer in der konkreten **Beziehung zwischen Frage** (Aufgabe, Problem) und unserem **Wissen**. Das ist der Stadt-Land-Fluß-Effekt©. Sollten Sie die kleine Aufgabe also besonders „schwer" gefunden haben, dann nur, weil Sie nicht regelmäßig darüber nachdenken, was man alles für die Ferien einpacken oder besorgen bzw. in den Ferien unternehmen kann. Merke:

> **Es ist keine Schande, über Dinge nicht Bescheid zu wissen, über die wir** (noch) **nicht** (viel, intensiv, tief) **nachgedacht hatten.**

3. Aufgabe

3. Nun schreiben Sie „FERIEN" (bzw. Ihr gewähltes Wort) in die Mitte eines Blattes und tragen Ihre Assoziationen ein.

Die Abbildung zeigt Ihnen, wie es aussehen könnte, aber außer den bereits erwähnten „Reisepässen" stehen meine Assoziationen auf dem Kopf, damit LeserInnen, die sich bisher „gedrückt" haben, das kleine Experiment noch durchführen können.

Dies sind die **Grundlagen für alle Spiele** in diesem Buch. Betrachten (zeichnen) wir ein „Bilder-Rätsel", befassen wir uns mit Wort-**BILDERN** (KaGa.s©); oder wir spielen mit den Buchstaben eines **WORT**-Bildes (KaWa.s©). Beides sind „Werkzeuge" (Denk-Tools), die uns helfen, bald **ergiebiger** und **kreativer** zu denken, wenn es um die Ideen-**Ausbeute** geht.

Mit EinsteigerInnen bezeichnen wir das erste „A" in den beiden Kunstworten KaWa© und KaGa© ruhig mit „Ausbeute", wenn wir erste Spiele spielen.

Da wir immer Assoziationen und Ideen suchen, eignet sich der Begriff „Ausbeute". Wir wollen ja „Jäger" spielen und geistige „Beute" machen ...

✱ Da wir aus dem **„normalen"** linearen, **wenig kreativen** Denken (das wir von der Schule und Ausbildung her kennen) ausbrechen wollen, suchen wir einen anderen Denk-Stil; deshalb symbolisiert das erste „A" in KaWa© und KaGa© **ANALOGES** Denken!

Daß wir **mit einem Stift** in der Hand schreiben und/oder zeichnen, symbolisiert der Wortteil **GRAFFITI** (in „Analograffiti", S. 9). Wenn Sie bedenken, daß so mancher „Sprayer" inzwi-

Interessierte finden viel Hintergrund im großen Analograffiti-Buch. Das vorliegende Büchlein könnten wir fast als kleines Analograffiti-Buch bezeichnen.

schen zum arrivierten Künstler wurde sowie, daß man **Analograffitis** auch auf Papier, Stoffen und anderen Materialien anfertigen kann, dann sehen wir, daß der Begriff durchaus positiv sein kann. Jedenfalls können Analograffitis Wörter und/oder Bilder enthalten. Der Begriff leitet sich vom Griechischen her: γραφειν [sprich: grafein] bedeutet „ritzen"; also **sowohl Schrift** (vgl. Graphologie) **als auch Bild** (vgl. Fotografie und Graphik). Durch die Verbindung des **analogen** Denkens mit dem Analograffiti-Aspekt ergab sich **ANALOGRAFFITI©**.

Eigentlich hatte ich die **Analograffiti-Techniken** als Kreativ-Tools entwickelt, aber dann stellte sich in der Praxis heraus, wie vortrefflich es sich mit ihnen **spielen** läßt. Also begannen wir den ursprünglichen Rahmen (für mögliche Anwendungen) immer weiter zu ziehen und so entstanden die Spiele in diesem Buch.

Nun bedeutet **SPIEL** für mich eine intelligente und kreative Art, Informationen **ins Gedächtnis** einzuspeichern, aber auch systematisch unsere **Persönliche POWER** zu er-WEIT-ern nach dem Prinzip von **SAAT & ERNTE**. Daß das Ganze auch noch **SPASS** macht und durchaus **LUSTVOLL** sein kann, ist Sahne auf dem evolutionären Kuchen, denn die Natur erfand das **Spiel als Lern-Instrument** par excellence; aber es ist immer auch **Training** – und Training jeder Art macht uns besser.

Also sollten wir möglichst oft spielen.

Die Tatsache, daß Informationen oder Themen, die wir **spielen**, dadurch besser in unser Gedächtnis eingespeichert werden, nutzen wir aus.

Aufbau des Buches

Modul 1 – Mit Namen spielen

Wir spielen mit Namen u.a. gegen das sogenannte schlechte Namensgedächtnis und entdecken, wie leicht es ist, sich intensiv mit Menschen zu befassen und in **Null-Komma-Nix „richtige" Gespräche** mit ihnen **zu führen**. Denn wer sich für mich interessiert (es beginnt mit meinem Namen), für den interessiere ich mich doch auch.

Modul 2 – Mit Wissen spielen

Hier spielen wir mit Wissen. In diesem Modul zeige ich Ihnen zwei (von zehn) neuen Wegen, die ich entwickelte, um Dinge zu lernen, **ohne im herkömmlichen Sinn** (vgl. Schul-Lernen!) **irgend etwas zu „lernen"**! Überraschen Sie sich selbst. Es ist aufregend!

Die Tatsache, daß die einzelnen Kapitel hier „Module" heißen, deutet auf den modularen Aufbau des Buches. Sie können zwar vorne beginnen und sich systematisch „nach hinten lesen" (die Reihenfolge ist eine günstige), aber Sie können die Reihenfolge auch ändern und „springen".

Modul 3 – ABC-Listen und KaWa.s©
als Wissens-Speicher

Jede Liste enthält extrem ver-DICHT-ete Informationen ...

Modul 4 – Quiz-(Fragen-)Spiele

Eine der schönsten Arten zu lernen, ohne im herkömmlichen Sinne zu lernen, die es gibt.

Wenn Sie jetzt darauf brennen „loszulegen", dann springen Sie zur nächsten Seite ins erste Modul.

Bitte bedenken Sie erstens, daß man **auch alleine spielen** kann (vgl. Solitaire) sowie zweitens, daß **MitspielerInnen oft nur einen Telefonanruf weit weg** sind.

Modul 1   Mit Namen spielen

Etwas Hintergrund

Falls Sie die Hintergründe weniger interessieren, springen Sie bitte zur nächsten großen Überschrift „*Mit Namen spielen – viele Varianten*", S. 20ff.

Es geht um die Frage, warum ich zuerst die **Denk-Techniken** und später die **Spiele** überhaupt entwickelt habe.

Eines der „großen" sogenannten **Gedächtnis-Probleme** hat mit Gedächtnis eigentlich nicht viel zu tun. Da wir (vollautomatisch) alles, was uns besonders interessiert, intensiv **wahrnehmen** und da das bewußte Wahrnehmen die Voraussetzung für Gedächtnis darstellt, heißt das:

Sogenannte **Gedächtnis-Probleme** sind meistens **nicht** die **Ursache**, sondern das **Ergebnis** (mangelhaften Einspeicherns).

Dies gilt selbstverständlich auch für die Namen unserer Mitmenschen.

Da das Wahrnehmen normalerweise unbewußt abläuft, glauben wir im Nachhinein gerne, es läge an unserem schlechten Gedächtnis. Aber es liegt weit mehr an unserem Interesse.

Je brennender etwas uns interessiert (fasziniert), desto bewußter und intensiver nehmen wir es wahr.

Dadurch aber sind wir geistig **aktiv**. Diese **bewußte Wahrnehmung** führt zu einem Prozeß, den man als KONSTRUKTION bezeichnet. Wenn wir uns später wieder erinnern, dann RE-KONSTRUIEREN wir. Wir können aber nur RE-KONSTRUIEREN, was wir einst KONSTRUIERT hatten.

Solche Leute kennen z.B. jeden Popsänger (Fußballer, Skispringer, Medienstar) namentlich, können sich aber die Namen ihrer Kunden nicht merken ...

Menschen, die über ein schlechtes Gedächtnis klagen, haben in der Regel bei ihren Hobbies und Interessen keinerlei Gedächtnis-Problem.

Nun müssen wir uns darüber klar werden, daß alle **Begriffe** immer auch **Namen** darstellen, nur sprechen wir im Deutschen irreführenderweise von „Wörtern", „Begriffen" und „Termini" im Gegensatz zu **Namen** (bei Personen). Im Lateinischen heißt es immer „nomen" (= Namen). Wenn wir jedoch unterschiedliche Begriffe verwenden, dann haben wir den **irreführenden Eindruck**, es handle sich um unterschiedliche Dinge.

Bitte bedenken Sie: Auch Leute, die über ein schlechtes Namensgedächtnis klagen, haben in den letzten Jahren (Monaten, Wochen) viele neue Wörter für Dinge gelernt.

In meinem Taschenbuch *Der Birkenbihl-Power-Tag* benutze ich eine Analogie, die uns diesen wichtigen Aspekt bewußtmachen kann: Stellen wir uns einen **Info-Manager** im Gehirn vor, der alle Informationen, die hereinkommen, begutachtet. Und der sagt nun:

Ah, dies ist ein **Wort**, das ein **Begriff**, jenes ein **Terminus** – gut zu lernen, aber **das da** – halt! Das ist ein **Name** (einer Person)! Namen können wir nicht! Das ist uns natürlich viel zu schweeeeeeeeeeeeeer. Raus damit!

Und so „schaltet er auf Durchzug" ...

Beispiel: Wann wurde **für Sie** das **Handy** ein eigener „Begriff", wann das **Internet**, wann eine **Homepage** im Internet?

Wann haben Sie zuletzt „auf Durchzug" geschaltet?

Die Spiele in diesem Modul helfen Ihnen, mit **Namen** in Zukunft so umzugehen, daß Ihr Info-Manager keinesfalls „auf Durchzug schalten" kann. Als normaler Gehirn-**Besitzer** lassen Sie ihn „machen", als Gehirn-**Benutzer** aber bestimmen Sie selbst, indem Sie sagen: „Ich will diesen Namen bewußt wahrnehmen." **Nur wahrnehmen, nicht merken.** Merken passiert nämlich **vollautomatisch, wenn Sie den Namen spielen!** Da Name und NamensträgerIn untrennbar miteinander verbunden sind, bedeutet das:

Jede Auseinandersetzung mit dem **Namen** einer Person ist immer auch eine Auseinandersetzung mit dem **Menschen**.

Dasselbe passiert bei „Namen" für andere Dinge, darauf gehen wir später ein (vor allem in den Modulen 2 und 3). Im Klartext: Sie werden die Namen, die Sie sich merken wollen, in Zukunft bewußt **KONSTRUIEREN**, dann wird das Merken zum **Kinderspiel**! Und damit die Sache Spaß macht, habe ich für meine Seminar-TeilnehmerInnen und die LeserInnen meines monatlichen Beratungs-Briefes einige **SPIELE** (in mehreren Varianten) entwickelt. Man kann mit bekannten oder mit fremden Namen spielen. Man kann in An- oder Abwesenheit der Namensträgers spielen. Man kann mit deren Wissen gemeinsam (auf Gegenseitigkeit) spielen, oder auch „hinter deren Rücken" (z.B. als Vorbereitung auf ein Gespräch).

Falls Sie sich wundern, warum ich auch **bekannte** Namen aufführe, so müssen Sie wissen: Spielt man Namen, deren BesitzerInnen wir schon (ganz gut) zu kennen glauben, dann kann man tolle Überraschungen erleben!

Wenn wir „Namen" sagen, denken wir zunächst in der Regel an lebende Personen, die wir kennen (lernen). Aber auch Menschen, die wir nie persönlich kennenlernen werden, haben Namen, die wir ebenfalls spielen können, wie Sie bald sehen werden.

Ehe Sie weiterlesen noch eine Frage: Wollen Sie einen zweiten Blick auf unsere Bilder-Rätsel vom Anfang werfen? Jetzt, da Sie erfahren, daß es sich in jedem Fall um **Namen** handelt?

Modul 1 – Mit Namen spielen

a) Ein sehr geläufiger Name, Sie kennen ihn!

_____

b) Name einer gefürchteten Demenz-Krankheit.

_____

c) Dieser Nachname hat nur 6 Buchstaben.

_____

d) Dieser Denker und Autor ist für den weltweiten Kommunismus mitverantwortlich.

_____

e) Dieses Geheimnis lüften wir erst später ...

_____

Mit Namen spielen – viele Varianten

Wer spielt mit wem?

Wir können auf unterschiedlichste Weise spielen:
- Zu zweit oder zu mehreren,
- auf Gegenseitigkeit beruhend im Gespräch (nichts fasziniert Leute mehr als zu sehen, was wir mit ihrem Namen „anstellen" werden),
- oder „unilateral" (z.b. wenn wir den Namen einer Person spielen, die wir demnächst kennenlernen werden).

Dabei werden wir immer wieder feststellen, wie unser **Interesse für den Namen** auch das Interesse an der Person stärkt:

 Interessiert uns die Person, dann **lernen** wir ihren **Namen** fast nebenbei, **spielerisch** nämlich. Alles klar?

Aber wir können auch ganz andere Namen (als die der Personen, mit denen wir direkt zu tun haben) spielen, z.b.:

berühmte Namen

- **Komponisten** (Georg Friedrich HÄNDEL),
- **Interpreten** (Yehudi MENUHIN),
- **Dirigenten** (Leonard BERNSTEIN),
- **Künstler** (darstellende und bildende, z.B. Pablo PICASSO),
- **Regisseure** (Alfred HITCHCOCK),
- **Schauspieler** (James STEWART) bzw. sogar die Namen der
- **AutorInnen**, deren Bücher wir lesen,
- **Charaktere**, die sie spielen (Clark KENT alias SUPERMAN bis HAMLET).

Gute SurferInnen probieren den Namen mit **.de**, **.com** etc. im Internet: Mal sehen, ob er/sie bereits eine Website hat?

So beobachten Sie sich z.B. bei der vorletzten Variante dabei, wie Sie das Buch plötzlich nach Infos über den Autor **absuchen**. Steht etwas auf dem Buchrücken? Vorne (meist Seite 2)? Hinten, im Anhang?

Das erste Spiel

Ziel dieses Basis-Spiels ist es, **zu den Buchstaben des Namens** Assoziationen zu suchen, die **mit diesen** Buchstaben beginnen. Also eine Art von **Kreuzwort-Rätsel-Frage**, wie: „Eine Hauptstadt mit W...?" (Nur, daß die Anzahl der Buchstaben keine Rolle spielt.)

Die Art der Darstellung kann von **ganz einfach** über einigermaßen **komplex** bis hin zu regelrecht **künstlerisch** reichen, hier ist alles erlaubt.

Übrigens kann es auch ganz spannend sein, ein KaWa© zum **eigenen** Namen zu erstellen.

Bei „**smiles** gerne" wurde kreativ geschummelt: Er lächelt gerne, aber es gibt kein „L", und da jede Sprache erlaubt ist, deren wir mächtig sind ...

So sehen viele erste Versuche aus.

Zu diesem Zeitpunkt wird (im Seminar) häufig eine bestimmte Frage gestellt:

> Ja, aber wenn ich nun **mehrere Menschen mit demselben Namen** kenne (oder heute einen weiteren kennenlerne), bin ich dann in meinen Assoziationen durch die früheren beeinflußt?

Diese Frage kann sich sowohl auf berühmte Personen beziehen (wie viele JEFFERSONs müssen angelsächsische Kinder wohl auseinanderhalten?) als auch auf reale Menschen, denen wir begegnen. Aber das Problem ist in Wirklichkeit keines, so daß wir sagen können: Die Antwort lautet eindeutig „Nein!" – Warum?

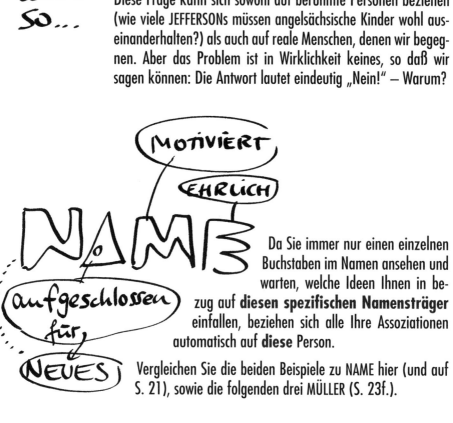

Da Sie immer nur einen einzelnen Buchstaben im Namen ansehen und warten, welche Ideen Ihnen in bezug auf **diesen spezifischen Namensträger** einfallen, beziehen sich alle Ihre Assoziationen automatisch auf **diese** Person.

Vergleichen Sie die beiden Beispiele zu NAME hier (und auf S. 21), sowie die folgenden drei MÜLLER (S. 23f.).

Dreimal MÜLLER

Vergleichen Sie drei Personen namens MÜLLER, die jedoch sehr unterschiedlich „gelagert" sind, wie Sie sehen können.

MÜLLER Nr. 1: Der Macho

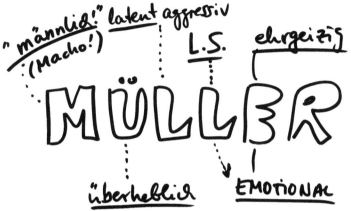

Hier war dem Spieler ursprünglich zu „R" nichts eingefallen, später befragt, meinte er: „Ah, hmm ... ah ja: RIGOROS."

MÜLLER Nr. 2: Die Mathematikerin

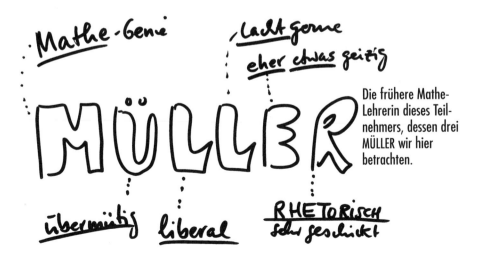

Die frühere Mathe-Lehrerin dieses Teilnehmers, dessen drei MÜLLER wir hier betrachten.

MÜLLER Nr. 3: Der Warmduscher

Der Begriff „Warmduscher" stammt von seinen Freunden.

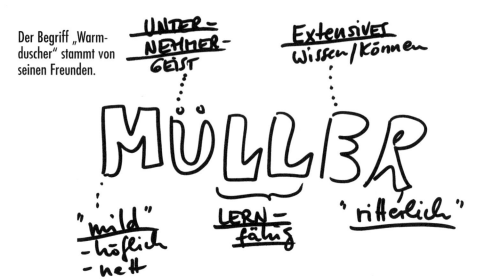

Ich erinnere immer wieder gerne daran: „Normal" heißt weder „körperlich" noch „seelisch/geistig gesund", „normal" bedeutet lediglich „der Norm entsprechend" (boshaft ausgedrückt: „Durchschnitt!"). Je öfter Sie diese Spiele spielen, desto besser werden Sie (vgl. Stadt-Land-Fluß-Effekt© in „Hier geht's los", S. 11) weil jedes häufig gespielte Spiel automatisch zum Training wird.

Sie sehen, keine einzige Assoziation der Buchstaben verschiedener MÜLLER wurde identisch „belegt". Probieren Sie es einmal selbst. Wie viele MÜLLER, MEIER, SCHMIDT etc. kennen Sie? Spielen Sie deren Namen, überzeugen Sie sich selbst! Allerdings muß ich Sie warnen:

Bei den **allerersten** Übungen fallen manchen Menschen zunächst nur wenige Assoziationen ein. Dies ist allerdings vollkommen **normal**.

Der Volksmund weiß das auch, wenn er sagt: „**Aller Anfang** ist **schwer!**" Aber wir sollten immer hinzufügen: „Allerdings nur der Anfang!"

Übung macht halt den Meister und die Meisterin. Also, nicht gleich aufgeben – weitermachen! Deshalb sind Gruppenspiele (ab zwei Personen) für manche EinsteigerInnen (die lieber in der Gruppe lernen) besonders günstig. Gemeinsam meistern wir viele Anfangsschwierigkeiten oft einfach besser. Da in der Regel einem der anwesenden Personen etwas einfällt, erlebt man immer wieder: **Aha, es geht doch.** So gewinnt man den **Mut weiterzumachen!**

Vielleicht möchte man sich zuerst zurückziehen und über den Namen des Partners nachdenken, um **anschließend** darüber zu reden. In diesem Fall fühlen sich viele AnfängerInnen mit ausführlicheren Notizen sicherer.

Allerdings gibt es auch Menschen, die ihre ersten (Lern-) Schritte lieber alleine gehen; auch das sollte man respektieren!

Es kann auch großen Spaß machen, die Namen von **Charakteren zu spielen, die wir bereits kennen oder gerade erst kennenlernen.** So kann man am Anfang eines **Spielfilms** die wichtigsten „Figuren" herausgreifen und jede Werbepause für intelligente Spiele nutzen! Oder denken Sie an **Serien**, die Sie mögen (in meinem Falle StarTrek ab TGN = The Next Generation, wird im Deutschen als „Die nächsten 100 Jahre bezeichnet), aber auch andere Serien. Ich habe mir mal Quark, den Ferengi-Barkeeper auf DS9, vorgenommen und bin dabei überraschenderweise auf die Tatsache gestoßen, daß er mindestens ebenso auf **Qualität** bedacht ist, wie darauf, das schnelle **Geld** zu machen. Unehrlich ist er nur selten, wiewohl es zu seinem Ehrenkodex (den Ferengi-Rules of Commerce) gehören würde. Er schenkt seinen Gesprächspartnern weit größere Aufmerksamkeit als normale Sterbliche, denn die Kommunikation ist seine Kern-Kompetenz.

DS9: alle „Trekkies" wissen Bescheid ...

KaWa.s© sind keine MindMaps! Für alle, die durch MindMap® daran gewöhnt sind, daß Sie immer nur ein einziges Wort schreiben dürfen: Bei unseren WORT-Bildern dürfen Sie auch mehr schreiben, wenn Sie wollen.

Übrigens lebt auch Jake auf DS9 (ja, er kennt Quark gut).

Bald werden Sie merken, daß Sie die zusätzlichen Notizen eigentlich nicht benötigen, denn unser Gehirn ist auf assoziatives Denken ausgelegt (leider wissen das die meisten Schulen noch immer nicht). Daher merken wir uns leicht, was **wir selbst assoziiert** hatten! Aber Sie bestimmen, wie Sie spielen wollen!

Es folgen einige Fallbeispiele, die gleichsam die Spielregeln enthalten (zum Nachspielen also).

Variante 1: Das Kennenlern-Namens-Spiel

Wenn ich neue VerhandlungspartnerInnen kennenlerne, eröffne ich das Gespräch manchmal, indem ich **den Namen dieser Person** in die Mitte eines Blattes schreibe und zu jedem Buchstaben ein Wort assoziiere. Nun, wenn wir eine Person noch gar nicht kennen und wenn wir dies nicht im Vorfeld (allein) machen – wie wollen wir dem Menschen erklären, was wir tun? Einfach! Wir erläutern, daß wir notieren, **was uns** an ihm/ihr besonders **interessiert.**

 Menschen **liebe**n es, wenn wir ihnen erklären, was uns an ihnen interessiert. Dies kann ein äußerst spannender **Gesprächs-Einstieg** sein!

Spielregeln

Wir sagen pro **Buchstaben** (mindestens) einen **ganzen Satz** (z.B. „Ich bin ja sehr gespannt, im Laufe der Zeit herauszufinden, wie **flexibel** Sie im Denken sind."). Gleichzeitig notieren wir **nur das Schlüsselwort** unserer Frage. Da ja jeder Schlüsselbegriff **von den Buchstaben des Namens hergeleitet** wird, bezieht sich automatisch alles, was wir sagen, zu 100 % auf den Namen **dieser** Person (und somit auf sie).

Der Begriff „Co-Evolution" hat für mich in diesem Zusammenhang besondere Bedeutung, die zu erklären hier zu weit führen würde. Wichtig ist jedoch, daß uns oft das Wort-Bild eines anderen nicht viel sagen kann. Deshalb gilt ja bei diesem Spiel die Gegenseitigkeit, daß wir unserem Gegenüber unsere Assoziationen **erklären**. Es reicht also nicht, die Blätter einfach auszutauschen.

Führe ich hingegen eine Verhandlung **für** einen meiner Kunden, dann teile ich dem Gesprächspartner beim ersten Treffen gerne mit, wieviele Punkte es aus der Warte meines Klienten zu klären gibt. Sie ahnen es, die Anzahl der **Punkte** setzt sich aus den **Schlüsselworten** zu seinem Namen zusammen und diese können (müssen aber nicht) mit der Anzahl der Buchstaben seines/ihres Namens übereinstimmen.

Da wir ja bei langen Namen manche Buchstaben mehr als einmal vorfinden (MEIER hat zwei „E") bzw. da wir einen Buchstaben auch mehrfach „belegen" dürfen, wenn uns viel einfällt, kann die Anzahl der Buchstaben eines Namens niemals zu einer Behinderung für Kreativität werden!

Aber ich sage Ihnen: Wenn man Basis-Information (hier die Minimal-Forderungen meines Klienten) am Namen des momentanen Gesprächspartner „aufhängt" – **das beeindruckt ungeheuer**. In der Regel sind die Leute völlig überrascht und schon ist das Eis gebrochen!

Mit etwas Übung gelingt dies bald in relativ normalem Sprechtempo (wobei kleine Denk-Pausen völlig o.k. sind). Natürlich kann man das auch vorher präparieren. Ich rate allerdings davon ab, solche Dinge auswendig zu lernen; lieber legen Sie das vorbereitete Blatt zwischen sich und den Unbekannten auf den Tisch und sagen: „Ich habe über unser Gespräch nachgedacht und hier einmal **festgehalten** …", z.B.:

- Worum es meinem Klienten geht,
- von welchen Minimalforderungen mein Chef ausgeht,
- was m.E. heute das Wichtigste ist,
- was mir an Ihnen als Gesprächspartner wichtig ist (das ist die Variante: zu seinem/ihren Namen assoziieren).

In jedem Fall wird das Blatt jetzt „live" erläutert.

Ich weiß aus den Seminaren, wie auch aus den Fragen in der Hotline: Es erscheint manchen Menschen zunächst vollkommen unglaubwürdig, daß ein wenig **Spielen mit dem Namen** (ohne den bewußten Versuch, den Namen zu lernen) sehr schnell zum Behalten des Namens führt. Wenn auch Sie sich diese Frage stellen, so lesen Sie das Merkblatt Nr. 2 auf Seite 116.

Diese monatliche **Hotline** ist ein kostenloser Service für die LeserInnen meines ebenfalls monatlichen Beratungs-Briefes.

Variante 2: Das „Man-kennt-sich-doch"-Namens-Spiel

Hier setzen wir uns mit Menschen zusammen, die wir schon ein wenig (oder auch gut) zu kennen glauben. Dieses Spiel kann unerwartete Verblüffung auslösen,

- weil wir uns oft **einbilden**, Leute viel besser zu kennen, als dies der Fall ist;
- weil andere uns Dinge über uns mitteilen, die uns selbst **überraschen**.

Sei es, weil wir erstaunt sind, daß sie das wissen (weil wir nicht **wußten**, daß sie das wußten), sei es, weil wir nicht annahmen, daß sie uns so **sehen**. So ernten wir manchmal regelrechte Komplimente, mit denen wir nicht gerechnet hatten.

Es gibt nur eine Gefahr, die Sie kennen müssen: Falls sich in Ihrer Spiel-Gruppe typische „Meckerer vom Dienst" befinden, dann zitieren Sie folgende Spielregel:

 Beobachtungen bezüglich lebender **anwesender** Mitmenschen müssen neutral bis **positiv** sein. Im Klartext: Meckern ist verboten!

Was jemand im stillen Kämmerlein zu einem Namen notiert ist ja geheim, aber die Erfahrungen haben gezeigt, daß die chronischen Nörgler viel mehr auszusetzen haben, wenn sie ihre Beobachtungen laut sagen müssen oder dürfen.

Variante 3: Das „andere" Namens-Spiel

Hier spielen wir **Namen von Nicht-Personen** (von Märchen- und Comicfiguren über Charaktere in einem Theaterstück, RomanheldInnen, einer Story oder einer TV-Serie, bis Mickey Maus oder J. R. Ewing ...).

Variante 4: Das berühmte (historische) Namens-Spiel

Hier spielen wir **Namen von berühmten** (bis berüchtigten) **Personen** (von Cleopatra über Jack the Ripper). Hier werden die Namen zu Wissens-Speichern (vgl. Modul 2, ab S. 41ff.).

Variante 5: Das „Begriffe-sind-auch-Namen"-Spiel

Hier können wir jeden beliebigen Begriff wie einen Namen spielen, auch im Sinne der vier Varianten (ABC-Listen und KaWa.s© als **Wissens-Speicher**, vgl. Modul 3, ab S. 56ff.).

Zusammenfassung

Es gibt viele Arten, Namens-Spiele zu spielen, z.B.:
- **Solitaire**: Wir spielen einen Namen, der uns interessiert. Es kann auch der eigene sein!
- **Je zwei Personen** setzen sich gegenüber und spielen ihre Namen (dabei kann ein **Los** oder der **Würfel** entscheiden, wer beginnt).
- **Mehrere Personen** sitzen an einem Tisch, per Losverfahren werden zwei Leute ausgelost: (Person eins) **Wer** (Person zwei) **wessen** Namen spielen wird. Dies kann extrem spannend werden. Außerdem kann man ziemlich oft spielen, bis alle Kombinationen „dran waren".

- **Zwei oder mehr Leute** (kleine Gruppen von maximal vier bis fünf SpielerInnen) **gehen zuerst „in sich"**, d.h. sie bereiten die Namen der zweiten Person (aller anderen Personen) auf Blättern vor, mit denen sie nach Ablauf der Vorbereitungszeit „antreten".
- **Man hat zuhause** in aller Ruhe die Namen der MitspielerInnen **gespielt** und **mitgebracht**, so daß in der Gruppe nur noch die Offenbarungen stattfinden.
- **Man spielt die Namen von Autoren**, die man gelesen hat oder demnächst lesen will (als Vorbereitung).
- **Man spielt weitere Namen von Personengruppen**, über die man einiges weiß (mehr lernen möchte), vgl. dazu Liste auf S. 20. Auch hier kann man vorher vorbereiten oder „live" spielen.
- **Man spielt die Namen von Nicht-Personen** (z.B. andere Lebewesen, Dinge, Prozesse etc., d.h. Begriffe; mehr dazu in Modul 2, ab S. 41ff.).

Sie sehen, wie glatt wir von Namen, die Menschen „bezeichnen", zu Begriffen wechseln können. Das Prinzip ist selbstverständlich das gleiche.

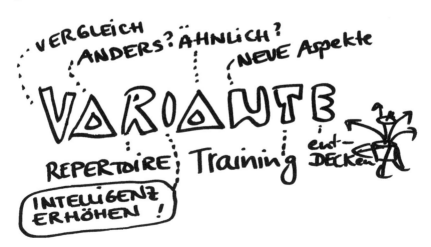

Wort-BILD (KaGa©) oder WORT-Bild (KaWa©)?

Sie erinnern sich an unser Quiz (in *Hier geht's los*, S. 9f.). Dort sahen Sie „**Bilder-Rätsel**", d.h. kleine **BILD-chen (KaGa©)** **zu Namen** (wobei man das mit Begriffen genau so gut tun kann). Es erinnert ein wenig an alte ägyptische, frühchinesische oder Maya-**Hieroglyphen**, deshalb nennen wir das ein Wort (einen Namen) **hieroglyphisieren**.

Es folgt die Auflösung des ersten Beispiels: Der Mensch heißt MEIER, wobei Sie hier zwei „hieroglyphisierte" Varianten sehen, gefolgt von einem **WORT-Bild (KaWa©)**.

Auch alle anderen Quiz-Namen tauchen in diesem Modul wieder auf!

 oder

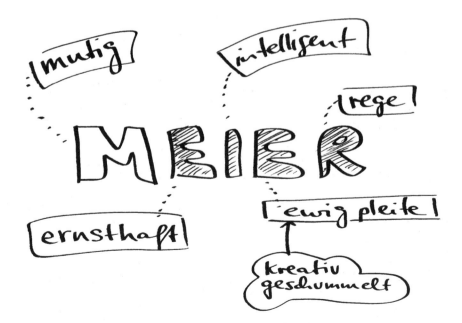

Wenn wir uns das KaWa© zu MEIER ansehen, so sehen wir u.a.:
1. Wenn das KaWa© eine gezeichnete KaGa©-Parallele hat, kann man **farblich** die Buchstaben des Wort-BILDes anders anmalen – hier durch **Schraffur** angedeutet (EIER).
2. Wir können jederzeit **kreativ „schummeln"**. Angenommen uns fällt spontan ein, daß der Mensch oft PLEITE ist, wir finden aber kein „p", dann nutzen wir das „e", um z.b. festzuhalten: „ewig pleite". Merke:

> **Mit KaGa.s© und KaWa.s© machen wir unseren Denk-Prozeß transparent.**

Es gelten nur die Regeln in unserem eigenen Kopf. Deshalb kann man beim Vergleich von KaGa.s© und KaWa.s© verschiedener Menschen oft nur staunen, niemals aber behaupten, irgend etwas „ginge so nicht" (wie bei Scrabble) Es gibt beim KaWa© nur eine Hauptregel (abweichend vom MindMap®), nämlich daß wir (weitgehend) **waagerecht schreiben**. Daher kann man die WORT-Bilder später immer **schnell und leicht lesen** – im Gegensatz zu den vielen MindMaps, die sich oft schön anschauen aber schlecht lesen lassen.

Neulich zeichnete jemand zum Namen Peter GLOTZ an „glotzende" Augen. Warum auch nicht? Jede kleine „Hieroglyphe" stellt ja sowohl den Versuch des Begreifens als auch eine kleine Eselsbrücke für uns selbst dar. Ein anderer Teilnehmer dachte bei Peter GLOTZ an die „Glotze", von der man dann das „e" streichen muß (vgl. rechte Abbildung).

 oder

Und weil immer wieder gefragt wird, wie ich meinen eigenen Namen wohl „hieroglyphisieren" würde, voilà:

Sie können immer zwischen Wort-BILD (Zeichnung) und WORT-Bild (KaWa©) **wählen**, oder ob Sie **beides** anlegen wollen. Meist kann man einen Teil des Namens in ein BILD setzen (KaGa©), wie hier den Nachnamen einer Frau Gabriele TASSER.

Ihre Spielpartnerin gestaltete anschließend das folgende KaWa©:

Ein anderer Teilnehmer hieß TAUCHER:

Die TeilnehmerInnen zeichnen leider oft mit Kugelschreibern, solche Wort-Bilder und diese Bilder lassen sich nicht gut reproduzieren, also habe ich sie nachgezeichnet oder -geschrieben. Bitte geben Sie Ihren Gästen Filzstifte, die Ergebnisse lassen sich auch besser einscannen und e-mailen bzw. faxen.

Sein Spielpartner fertigte folgendes KaWa© an:

Als ich dem Namensträger (PROBST) das Spiel erklärte, kannte er (als Verlagsleiter des Junfermann-Verlages, bei dem *Das große Analograffiti-Buch* verlegt wurde) die KaWa©-Technik bereits und wollte natürlich wissen, was ich mit seinem Namen machen würde.

Der Name PROBST zerfiel für mich sofort in zwei Teile: PR (erinnert an Public Relation) und OBST.

Wir können aber genauso gut ein KaWa© anlegen, hier ist mein erstes spontanes zu diesem Herrn:

Spannend wird es, wenn der andere (zumindest telefonisch) anwesend ist und unsere ersten spontanen Gedanken **miterlebt**. Es macht Spaß. Merke:

 Menschen finden es absolut **faszinierend**, wenn man Dinge sagt, die sich **auf sie beziehen**.

Und:

 Solange man die Personen noch nicht gut kennt, können **Assoziationen zum Namen** eine prima erste „Brücke" bauen!

Im Eingangs-Quiz (S. 9f.) befand sich ein recht **berühmter Name**. Hatten Sie den Mr. ENGELS gleich erraten? Es macht besonders viel Spaß, verschiedene ENGELS-Versionen zu vergleichen.

Dieses Vergleichs-Spiel kann man auch per Fax spielen. Vergeben Sie doch einfach die Aufgabe, den Namen des berühmten Friedrich ENGELS anzugehen. Wahrscheinlich werden viele einen Engel zeichnen (der bietet sich ja auch an) aber jeder Engel wird ein wenig anders aussehen. Diese Variationen können genauso spannend werden, wie der Vergleich zwischen völlig unterschiedlichen Arten, eine Sache darzustellen (= zu hieroglyphisieren).

Auch die nächste Abbildung kennen Sie schon als Bilder-Rätsel (aus *„Hier geht's los"*, S. 10). Hatten **auch Sie** ursprünglich auf **ALZHAUS**er getippt, als Sie wußten, daß es ein Name ist?

Das ist die häufigste Nennung.

Nun, der Mensch heißt etwas anders, das KaGa© zeigt eine Variante, wie man den Namensgeber der gefürchteten Demenz-Krankheit „hieroglyphisieren" kann, nämlich: Alois **Alz-HEIM-er**. Hier wurde in der Bildmitte der Wortbestandteil „HEIM" zum Ausdruck gebracht. Deutsche lesen gerne **Alz-HAUS-er**, aber die Spielerin ist Amerikanerin! Sie zeichnete ein Haus für „HEIM", weil das Wort „home" in den USA sowohl „Haus" als auch „zuhause" bedeutet, somit **symbolisiert** ein Häuschen für die Dame natürlich das „HEIM". Merke:

Da sie fließend Deutsch spricht, macht sie unbewußt den Sprung von „home" zu „Heim".

Wenn jemand etwas zeichnet, das uns nicht sofort „einleuchtet", dann sollten wir nicht gleich abwehren, sondern eher interessiert nachfragen. So werden wir erstens **niemanden verletzen** und zweitens könnten wir dabei **faszinierende Dinge hinzulernen**.

Wichtig ist, daß unser **Vorwissen** immer in unsere Kreationen einfließen wird. Für die Dame steht die Vorstellung eines Häuschens genauso natürlich für „HEIM" wie Assoziationen, die Ihnen einfallen, für Sie „natürlich" sind. Es ist unbedingt notwendig, drei häufige Denk-Fehler zu begreifen, die das Spiel stören können.

1. Wir halten die **eigenen Assoziationen** (meist unbewußt) für **allgemeingültig** und sind völlig **erstaunt**, wenn andere eine dieser Assoziationen nicht sofort nachvollziehen können!

2. Wir gehen automatisch davon aus, andere Spieler würden in Sprachen denken, derer wir selbst mächtig sind! Aber es sind selbstverständlich immer **alle Sprachen** (inkl. Dialekt, siehe Rand) erlaubt, in denen jemand denken will (kann). Dasselbe gilt für Fremdwörter.

Wer „amal" (statt „einmal") assoziieren kann, um ein „A" zu „belegen", darf das tun! Solange es einen Vorteil bietet, ist es erlaubt. Merke: Wir SPIELEN mit Gedanken ...

3. Wir laufen Gefahr, **Assoziationen anderer**, die uns **nicht sofort einleuchten**, für absurd („unmöglich") zu halten.

Aufgrund dieser **drei Denk-Fehler** könnte es manchmal bei Spiel-Beginnern zu unhöflichen (respektlosen) Bemerkungen kommen, die allen das Spiel „vermiesen". Deshalb sollten wir uns der Gefahr bewußt sein. Im übrigen gilt die eiserne Regel:

Wir erstellen Wort-Bilder in erster Linie als Gedächtnisstütze für uns selbst, demzufolge müssen wir **alle Fäden im eigenen Wissens-Netz** nutzen dürfen.

Deshalb fällt das Lernen ja umso leichter, je mehr wir wissen, d.h. je mehr Wissens-Fäden vorhanden sind, an die neue Infos „gebunden" werden können!

Wenn wir dieses Spiel öfter gespielt haben, beginnen wir, **neue** Namen fast schon automatisch spielerisch aufzugreifen und „loszulegen". Noch ein Name aus dem Eingangs-Quiz: Ich lese gerade ein Buch vom ihm. Wie glauben Sie, heißt dieser Autor in Wirklichkeit?

Wofür könnte die „Hieroglyphe" des gezeichneten STERNs stehen? Wie klingt **ET-STERN-I**? Aber so heißt er nicht ... Hmm, vielleicht wird der Stern in einer anderen Sprache bezeichnet? Probieren wir es: **ET-STAR-I**? Oder vielleicht: **ET-ETOILLE-I**? Wie wäre es mit **ET-STELLA-I**?

Sie sind dran: ET – _____ – I?

Oder habe ich hier einen anderen Aspekt herausgegriffen? Sehen Sie, was dieses Spiel uns auch lehrt? Es zeigt uns, was wir wissen **und** was wir wichtig finden. Wenn wir gemeinsam mit anderen spielen und unsere „Kunstwerke" miteinander besprechen, dann zeigt es uns, was die anderen wissen **und** was sie wichtig finden. So kann man sich spielerisch weit besser kennenlernen als über vielerorts die üblichen „Gespräche". Wetten?

Sehen Sie **noch einmal** hin. Es ist ein **besonderer** Stern. Fällt Ihnen **jetzt** noch etwas ein? Bitte festhalten:

_____

_____

_____

Jetzt prüfen Sie, ob meine Assoziation auch bei Ihnen aufgetaucht war ...

Das gegenüberliegende Namens-KaWa© zeigt wieder, daß wir solche KaWa.s© zunächst für uns selbst anlegen, sowie, daß jede Sprache „legitim" ist, in der uns etwas einfällt ...

Modul 2 – Mit Wissen spielen

In diesem Modul möchte ich Ihnen zwei **Wort-Spiel-Variationen** vorstellen, mit deren Hilfe wir sowohl besser verstehen/begreifen als auch phänomenal leicht lernen können, weil wir (im Wortsinn) **mit Wissen spielen**.

Begriffe sind Namen

Da alle **Begriffe** letztlich nur **Namen** für Dinge, Lebewesen, Prozesse, Personen, Tätigkeiten etc. sind, ist dies eine (folgerichtige) Fortsetzung der Namens-Spiele. Entweder weil wir diesmal Namen als „Lernstoff" sehen oder weil wir über die Personen eine Menge lernen sollen (oder wollen), von großen Herrschern über Künstler, Wissenschaftler oder sonstige Leute, über deren Leben oder Arbeit wir etwas wissen möchten. Hier sehen Sie einen Wissenschaftler, der die Gedächtnisforschung maßgeblich beeinflußt hat und doch selten erwähnt wird. Er publizierte 1932 und arbeitete damals allein (mit vielen Versuchspersonen), hatte weder ein großes Labor noch einen Assistentenschwarm.

Ich habe für Sie eine interessante Anmerkung hinzugefügt; damals hatte ich die drei „T" im Namen in drei Sprachen „kodiert".

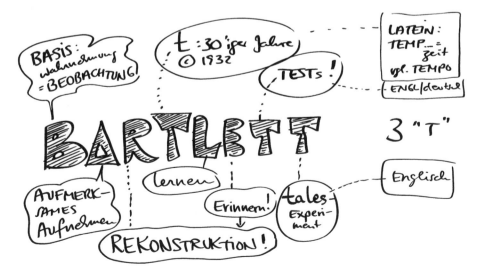

Aber dasselbe gilt für jeden **Begriff**, den wir **spielen** wollen. Allerdings unterscheiden wir zwischen zwei Varianten mit jeweils zwei Variationen.

Die beiden Variationen

Dies sind zwei von zehn Variationen, die ich entwickelt habe: Zehn Arten mit Wissen umzugehen, ohne im herkömmlichen Sinne irgend etwas zu lernen. Sie finden einen **Überblick** als **kostenloses e-book** auf meiner Website (www.birkenbihl.de – klicken Sie der Silhouette „auf den Kopf"). Erklärt wird das Ganze in meinem Video-Seminar *Von nix kommt nix.*

a) **Momentane Spielchen**: Wir nehmen eine Spontan-Inventur vor, indem wir mit einem Begriff spielen und herausfinden, was wir darüber wissen/denken.

b) **Couvert-Technik©**: Dies sind Fortsetzungsspiele über einen längeren Zeitraum. Es geht um die Tatsache, daß wir bei wiederholtem Spielen eines Begriffes in immer stärkerem Maß auch unser unbewußtes Wissen „anzapfen" können. Aus diesem Grund entwickelte ich die sogenannte **Couvert-Technik©** (siehe S. 44f.).

Die beiden Spiel-Arten

a) **Wort-Bilder** (KaWa.s© – vgl. *Modul 1: Mit Namen spielen,* S. 15ff.)

b) **Wissens-ABC.s** (eine Sonderform des KaWa.s©)

Wenn wir Assoziationen zu **den einzelnen Buchstaben eines Wortes** suchen, das wir untersuchen (explorieren, begreifen, merken) wollen (KaWa©, Wort-Bild), dann stehen uns **nur die Buchstaben des Begriffes** zur Verfügung. Dies ergibt die Möglichkeit einer **raschen Inventur**: Was denke (weiß) ich zu diesem Thema? Was „sagt mir" dieser Begriff (heute, jetzt)? Das könnte so aussehen:

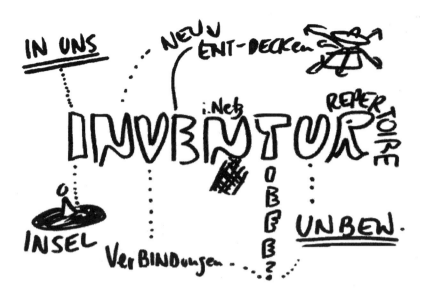

Wenn wir allerdings „breiter" und/oder „tiefer" nachdenken wollen, möchten wir vielleicht **mehr** Buchstaben zur Verfügung haben? Dies gilt insbesondere, wenn wir relativ kurze Wörtern oder Namen studieren.

So bringt mir z.B. der Begriff „Seele" nur wenig, denn er besteht aus nur fünf Buchstaben; einen davon gleich dreimal:

Wir können diese **Sonderform** natürlich auch bezüglich Personen spielen, das ist dann ein **Namens-ABC**.

Wenn ich den Begriff also spielen will, müßte ich ein wenig mehr Buchstaben haben, also nehme ich einfach **das ganze Alphabet**! Diese Spiel-Variante nennen wir **Wissens-ABC**.

Es ist eine **Sonderform** des KaWa© (Wort-Bildes), weil wir zu den Buchstaben des ABC Assoziationen suchen, die mit dem gewählten Thema (Begriff) in direkter Verbindung stehen. Aber es ist gleichzeitig auch eine **eigenständige Form**, weil wir nun immer 26 Möglichkeiten haben. Theoretisch! Oft fällt uns bei „X" und „Y" nicht viel ein, manchmal auch bei dem einen oder anderen Buchstaben („Q" oder „U"), so daß wir davon ausgehen können:

Im Schnitt sollten bei einem Wissens-ABC (ABC-Liste) ca. 20 Begriffe „besetzt" werden.

Vgl. mein Buch-Seminar *Das große Analograffiti-Buch*.

Je kürzer der Begriff ist, den wir spielen wollen, desto spannender ist es, **beide** Varianten anzugehen! Das Fallbeispiel „Bienen" (S. 50ff.) zeigt Ihnen, wie das aussehen kann.

Die Couvert-Technik©

Die Erfahrung hat gezeigt, daß numerierte Blätter viel schneller sortiert werden können als solche, die nur das Datum tragen. Die Numerierung läuft von 1 bis ... (z.B. 30), so daß wir nur eine bis zwei Ziffern sortieren müssen, im Gegensatz zum Datum (Tag/Monat/Jahr).

Es begann damit, daß ich vor einigen Jahren im Zuge meiner Versuche einen Begriff täglich ein- bis dreimal kurz (zwei Minuten) spielte, dabei jedoch jedesmal eine neue Spontan-Inventur vornehmen wollte, unbeeinflußt von den anderen Bogen, die zunächst überall herumlagen. Also stopfte ich sie in ein herumliegendes großes (leeres) Couvert und fuhr fort. Nach einigen Tagen (manchmal sogar Wochen) beginnt man die Bogen „auszuschlachten", z.B. indem man alle Assoziationen auf ein Riesenblatt überträgt, oder indem man pro Buchstaben ein Blatt anlegt und die Assoziationen hier sammelt; manche tippen die „Ausbeute" lieber in den Computer ein (jede/r soll es angehen, wie sie/er möchte). Wichtig ist allerdings ein weiterer Aspekt. Denn es zeigte sich nämlich später, daß man die Blätter im Nachhinein manchmal chronologisch sortieren möchte, um die **Entwicklung** gewisser Gedankengänge nachvollziehen zu können (siehe Rand S. 44).

Sicher können Sie sich vorstellen, daß jedes Blatt mit Wort-Bildern oder Wissens-ABC.s zu Themen, über die wir auf diese Weise **anders als gewohnt** nachdenken, zu einer **regelrechten Schatztruhe** werden kann.

Wort-Bilder als Wissens-Speicher

Neulich mußte ich in einem Raum warten, in dem ein Radio lief. Ich merkte, daß ich in eine Diskussion zum Thema **Embargo** geraten war, und da ich mindestens 10 bis 15 Minuten Wartezeit vor mir hatte und mich das Thema interessierte, ließ ich mich darauf ein. „Sich einlassen" heißt bei mir immer, das Thema bzw. den Begriff zu spielen; z.B. indem wir ein Wort-Bild anlegen und diesmal nicht warten, was aus unserem Inneren aufsteigt, sondern warten, was wir hören! Sowie ein wichtiger Begriff fällt, der zu einem unserer Buchstaben paßt, notieren!

Wir nennen es auch „Wissens-Speicher", denn es **speichert**, was wir erfahren, gedacht, ja sogar, was wir dabei gefühlt haben!

Einsteiger finden anfangs das Wissens-ABC leichter, weil ja **alle** Buchstaben vorhanden sind. Mit etwas Übung aber kann es immens spannend sein, auf bestimmte Buchstaben zu „lauschen", die vorhanden sind.

Vgl. sowohl mein Buch *Das innere Archiv* als auch die Arbeiten der Harvard-Professorin Ellen J. LANGER, die ich darin mehrfach zitiere.

Übrigens hat die moderne Gehirnforschung festgestellt, daß das aufmerksame Warten (Lauschen oder Lesen) **„auf etwas", also das bewußte „Herauspicken" bestimmter Aspekte, weit mehr Informationen ins Bewußtsein und ins Gedächtnis „fließen läßt" als jede Art von Pauken!**

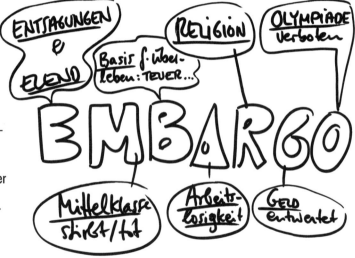

Es gibt wenige Menschen, die niemals ohne Kladde angetroffen werden, aber sie gehören zur geistigen Elite einer jeden Nation: WissenschaftlerInnen, SchriftstellerInnen inkl. (Wissenschafts-)Publizisten, gute Journalisten, KünstlerInnen etc. Wer regelmäßig auch allein spielen möchte, wird solche Kladden bald unverzichtbar finden.

Also zückte ich eine meiner **Kladden** (die ich immer dabei habe) und begann ein Wort-Bild zum Begriff „Embargo" anzulegen. Und wiewohl ich ja nur die Schlüsselbegriffe notierte, über die man sprach, kann ich die wesentlichen Aussagen jederzeit REKONSTRUIEREN (vgl. S. 16ff.), denn die notierten Begriffe sind ja mit jenen Aussagen verbunden!

Modul 2 – Mit Wissen spielen

Experimentelles Lern-Spiel

Auch dies ist eine spannende Spiel-Variante, mit der wir „ernsthaftes" Lernen zum Kinderspiel machen können: Mehrere Menschen lesen (hören) einen Text (oder sehen einen Videofilm, eine DVD etc.) und legen je ein Wort-Bild (KaWa©) zu einem oder einigen vorher ausgewählten Begriffen an. Anschließend werden diese Wort-Bilder an alle verteilt. Nun formulieren die MitspielerInnen sprechend (oder schreibend), was ihnen zu den Assoziationen der MitspielerInnen einfällt.

Ab S. 94 lernen Sie ein weiteres Lern-Spiel kennen ...

 Wer dieses Spiel einmal gespielt hat, wird nie wieder „normal" pauken oder büffeln wollen!

Variationen

In einem Fall haben alle **dieselben Quellen** (denselben Lernstoff) **genutzt** (dasselbe Kapitel gelesen, dieselbe Diskussion gehört, denselben Videofilm gesehen etc.). Hier wird extrem intensiv gelernt, wiewohl wir ja nur eine Zeit lang mit den Begriffen „spielen". Im anderen Fall wird der **Lernstoff aufgeteilt**, so daß je mindestens zwei bis drei Personen **dieselbe** Info lesen, hören oder sehen und gleichzeitig ihre Wort-Bilder produziert haben. Hier lernen die Spieler bei denjenigen KaWa.s, deren Info sie selbst nicht vorab gelesen, gehört oder gesehen hatten, bereits dermaßen viel durch das Spiel, daß später schon einmaliges flottes Lesen den Lernprozeß abrunden kann! Also bietet die Art von Spiel auch eine immense Zeit-Ersparnis!

} eine INFO für ALLE

} jede/r einen Teil der INFO

Experiment zu Embargo

Um Ihnen zu zeigen, wie extrem „anders" die Inhalte jedes Begriffes in den **Ideen-Blasen** für verschiedene Menschen sein können, lade ich Sie zu einem spannenden kleinen Experiment ein.

Wenn Sie wollen, können Sie einige FreundInnen mitspielen lassen (per Fax oder E-Mail) und die Eingaben vergleichen, ehe Sie auf S. 112ff. nachsehen, was die Fachleute im Radio tatsächlich gesagt hatten. Dann können Sie die eben vorgestellte Lern-Spiel-Variante gleich selber testen.

Notieren Sie zu jeder Assoziation je ein bis drei Sätze, ehe Sie im Merkblatt Nr. 1, S. 112ff. nachsehen, wie ähnlich Ihre Assoziationen den Gedanken sind, welche ich in der Radio-Debatte gehört hatte.

E = ENTSAGUNGEN UND ELEND

_____

_____

_____

M = MITTELKLASSE stirbt/tot

_____

_____

_____

B = BASIS FÜR ÜBERLEBEN: teuer

_____

_____

_____

A = ARBEITSLOSIGKEIT

R = RELIGION

G = GELD entwertet

O = OLYMPIADE (Teilnahme) verboten

Es folgen einige Fallbeispiele für ABC-Listen als Wissens-Speicher.

Können KaWa.s© und ABC-Listen Wissens-Speicher sein?

Beispiel 1: Bienen

Das folgende Fallbeispiel von den Bienen soll dies verdeutlichen. Es begann damit, daß ich im Fernsehen zwei „talking heads" sah, also jemand (der erste Kopf), der jemanden (den zweiten Kopf) interviewte.

> Gottseidank wurde der Name des Interviewten einmal eingeblendet (Prof. Dr. Wolfgang H. KIRCHNER), der Name des Interviewers leider nicht.

Nun, die Sendung hatte bereits begonnen, aber ich war sofort fasziniert und „blieb hängen". Da ich auf dem Videorekorder bereits seit einer gewissen Zeit eine andere Sendung aufzeichnete, mußte ich hier **meinen neurologischen Speicher** einsetzen. Spontan entschied ich mich, das Thema zu spielen, denn dies ist die beste Art, Informationen **ein einziges Mal** wahrzunehmen und **trotzdem eine Menge zu begreifen und zu behalten**. Übrigens setze ich manchmal ein kleines Diktiergerät ein, um wenigstens den Ton mitzuschneiden, wenn die Video-Schiene „besetzt" ist, aber an jenem Tag war das keine Option. Ich litt unter extremen Gelenkschmerzen und hatte mich gerade mit Mühe ins Bett gewuchtet. Nun hätte ich aufstehen und ins Nebenzimmer gehen müssen (wo das Diktiergerät zuletzt liegen geblieben war), und da ich nicht mehr als nötig leiden wollte, ließ ich es. Frage: **Warum meinen Sie, erzähle ich Ihnen so viel „unnötige" Details** (siehe Rand)?

> Nun, diese Details illustrieren ein **wichtiges Prinzip** des **Spielens mit Wissen**: Es werden nämlich häufig sogar die (angeblich unwichtigen) Begleitumstände unauslöschlich mitgespeichert. Da ich bewußt entscheiden mußte, ob ich das Diktiergerät hole oder nicht, **wurde diese Entscheidung Teil der Information!**

Also, es folgt meine ABC-Liste, die ich während des Interviews (bzw. während der ca. 15 Minuten, die ich noch „mitbekommen" hatte) notierte.

Bienen

1. A = **akustische** Kommunikation, **akustisches** „Sehen" im Stock, **Arbeitsbienen** ohne Geschlecht
2. B = **Bienen-Volk, Bienen-Korb** (nachts bewegen), **Bienen-Gedächtnis** ...
3. C = **Chronos:** relativ zur Futterstelle, **CHEMISCHE** Kommunikation (vgl. „Q")
4. D = **Duftstoff** unterdrücken, wenn genug Nahrung für heute hereinkam
5. E = **Entfernung** zum Futter, **Entdecken**
6. F = **Futterstelle** a) Weg lernen/finden, b) im Bienenstock Signal, wenn genug
7. G = **genetischer** Tanz = angeblich total stumm, vgl. „H", **GLOBALE** Komm. (vgl. „V")
8. H = **Himalaja-Bienen** (taub): „rein visuell!"
9. I = **Insekten-Staat** keine Diktatur, sondern eigentlich eine selbst-organisierende Demokratie
10. J = **JOHNSON'sche** Organe am Fühler fungieren als „Ohren" (vgl. „T"), auch Mücken haben sie
11. K = **Kommunikation:** Tanz & Summen, **Killerbienen** (viel Des-Information)
12. L = **lineare** Information, **lokale Wirkung**
13. M = **Modulation** des Schalls beim Tanz, **Modell-Organismen** für die genetische Forschung
14. N = **Nahe** Kommunikation (lokal): nur in der unmittelbaren Umgebung (vgl. „S")
15. O = „**Ohr**" (vgl. „J" und „S")
16. P = **Physik:** nur sehr enger Bereich (so können 20 Bienen an je einige wenige weitere Information vermitteln, viele kleine Teams)
17. Q = **Queen;** vorhandener DUFT sagt „Nein" zu allen anderen und läßt keinerlei sexuelle Entwicklung bei ihnen zu

18. **R = Rekrutierung** durch das „Sprechen" (Tanz) über die Futterquelle
19. **S = Schwänzeltanz** (Hinterleib), **Schall** wird moduliert in Richtung anderer Bienen, **Selbst-Organisation**
20. **T = Tanz** = akustische Kommunikation (inkl. „stampfen), die **TÖNE** werden durch „Ohren" an den Fühlern wahrgenommen (diese Organe) registrieren empfindliche kleinste Schwingungen in beiden Antennen und vgl. Links mit Rechts – eine Winkel-Beziehung zeigt die Richtung an
21. **U = Unterdrückung** der Geschlechtsentwicklung bei allen anderen, die somit zu „Arbeitsbienen" werden
22. **V = Verstärkung** positive: exponentielle Entwicklung bis kritischer Punkt, Schluß, wenn genügend Futter vorhanden, nur dieses Signal wird global gesendet (FRITSCH: „**Veitstanz**")
23. **W = WERBUNG** für Futterplatz, **Wettbewerb** diverser Futterplatz-Advokaten
24. X = X
25. Y = Y
26. **Z = Zitterbewegung** hören alle, sie unterbindet das Ausfliegen!

Unmittelbar im Anschluß legte ich einige Wort-Bilder an, weil mich das Thema derart fasziniert hatte (siehe S. 53f.).

Ich hatte ja schon ein wenig über Bienen gewußt, aber hier erfuhr ich vieles, was mir völlig neu gewesen war. Hätte ich absolut nichts darüber gewußt, hätte ich weit weniger bewußt hören (begreifen) und merken können, weil ja das Lernen umso leichter fällt, je mehr wir wissen! Aber je häufiger wir mit Wissen spielen, desto leichter wird es für uns, auf unserem derzeitigen Niveau zu lernen!

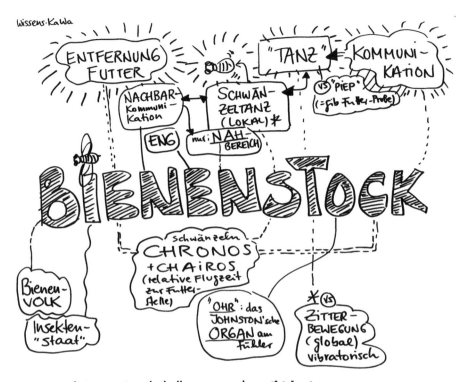

Das Beispiel „Bienen" ist deshalb so passend, **weil ich ein wenig, aber nicht zu viel wußte.** Weiß man gar nichts, kann man neue Infos zunächst (noch) nicht einordnen, muß also die ersten Schritte sehr langsam gehen. Weiß man sehr viel, dann hört man oft auch nicht mehr genau hin (dann zappt man wahrscheinlich gleich weiter, weil man ja schon soooo informiert zu sein glaubt).

Wenn dies Lernstoff für Schule oder Ausbildung wäre, könnte ich durch das Anlegen eines ABC während des Hörens und hinterher noch ca. 20 Minuten an den Wort-Bildern „bastelnd" eine Prüfung hierüber ablegen. Mit dieser Art von intelligenter Minimal-Vorbereitung durch das Wissens-Spiel ist die untere Hälfte der (schlechten) Noten völlig ausgeschaltet. Ob ich nun eine 3, eine 2 oder eine 1 erhielte, hinge wohl von der Art der Fragen ab.

Wenn ich auf eine Eins abzielen würde, müßte ich ein wenig mehr tun, aber wenn ich mit der oberen Notenhälfte zufrieden wäre, hätten in diesem Fall 15 Minuten hören (und ABC schreiben) plus 20 Minuten „Nachtarocken" (insgesamt also 35 Minuten) ausgereicht!

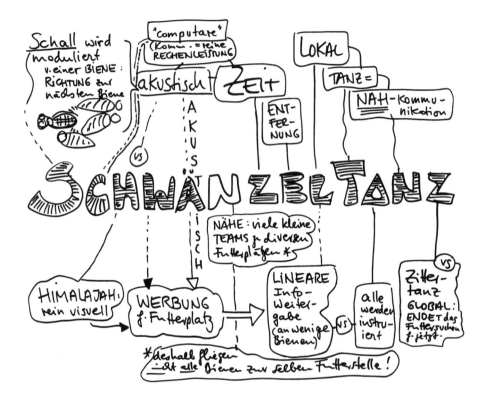

Und Sie? Welche Themen werden Sie (wann) zu spielen beginnen? Da die Erfahrungen im Vorfeld beim Schreiben dieses Buches bereits gezeigt haben, daß viele Menschen gar nicht genügend Fallbeispiele bekommen können, **folgt ein Modul mit Wissens-ABC.s** (meist ergänzt durch mindestens ein KaWa©) zu **weiteren Sendungen**, die ich im Fernsehen sah. Natürlich ist das Fernsehen nur ein mögliches Wissens-Medium, ich benütze es deshalb so gerne als **Beispiel**, weil die meisten Leute

a) **viel zu viel fernsehen** und **gleichzeitig** das Gesehene
b) **viel zu wenig nutzen**, d.h. mit dem Gesehenen **nicht** „spielen".

Deshalb bleibt trotz des vielen Sehens nur ein Bruchteil „hängen". Unsere Wissens-Spiele hingegen **ändern das über Nacht**. Daraus lernen wir, daß bereits ein leichtes Verändern eines bekannten Verhaltens (Fernsehen!) dramatische Unterschiede bewirkt. Darüber hinaus begreifen wir auch, wie leicht **Lernen** sein kann, wenn es **explorativ** und **spielerisch** geschieht. Also können wir selbst „Lernaufgaben" in diesem Stil absolvieren, nur mit dem Unterschied, daß es dann keine langweiligen „Hausaufgaben" mehr sind, sondern Wissens-**Spiele**, bei denen wir zufällig eine Menge lernen.

ENT-DECKEN phantastisch!! lernen macht Spaß AUSBEUTE an IDEEN! VARIATIONEN

EXPLÖRATIV

X-tra spannend! REPERTOIRE durch TRAINING

Modul 3   ABC-Listen und KaWa.s© als Wissens-Speicher

Weitere Fallbeispiele

Einige Wochen nach dem Bienen-Spiel tauchte im Fernsehen ein Beitrag auf, in dem u.a. auch über Killerbienen gesprochen wurde. Ich wurde wieder sofort „hellwach" und lernte „ganz nebenbei" wieder hinzu, weil ich sofort ein Killerbienen-ABC startete.

Beispiel 2: Zusatz-ABC zu „K": Killerbienen

Es muß ja kein „volles" ABC sein ... Dokumentarsendung (ebenfalls nur ein Ausschnitt) einige Tage später ...

1. A = Aggressivität weit höher als bei normalen Bienen; Herkunft aus Afrika
2. B = B
3. C = C
4. D = D
5. E = E
6. F = Fliegende Staaten (Bienenschwarm), rasten in Bäumen; wenig aggressiv, weil weder Honig noch Königin oder heranwachsende Bienen verteidigt werden müssen, also ist dieser Schwarm völlig harmlos, auch wenn er aus „Killerbienen" besteht
7. G = Gefahr: nur wenn sie provoziert werden ...
8. H = Häuser, alleinstehende = gute Nistplätze ...
9. I = Imker verdienen an der Bestäubung (vgl. „O")
10. J = Jagd: gereizte Bienen schwärmen aus und suchen Opfer (z.B. Hunde)

11. **K** = **Kids** werfen Steine (z.B. auf leerstehende Häuser) und greifen die Killerbienen an, woraufhin diese ihren Stock verteidigen werden, weit aggressiver als unsere Bienen ...
12. **L** = L
13. **M** = sie **mobilisieren** mehr Artgenossen als westliche Bienen, daher: sofort fliehen! (vgl. „R")
14. **N** = N
15. **O** = **Obstplantagen** bestäuben = Hauptgeschäft amerikanischer Imker, nicht Honig

16. P = **Portugal** (Einfuhr afrikanischer Bienen nach Portugal löste europäisches Killerbienen-Problem aus, weil diese Bienenvölker damals entkamen ...); der portugiesische Landwirtschaftsminister hatte es für eine gute Idee gehalten, als sein Freund Professor Warwick E. KERR sie einführen wollte; dieser hatte nämlich festgestellt, daß afrikanische Bienen weit ertragsstärker wären (Honigproduktion), also stimmte der Landwirtschaftsminister zu
17. Q = Q
18. R = **Rückzug** = Rettung; sie verfolgen NICHT ...
19. S = S
20. T = **Temperaturen:** Wo Winter kalt, können Killerbienen nicht überleben ...
21. U = **Unbekannte Objekte** lösen Angriff aus, z.B. Kameras, die vorher nicht vorhanden waren ...
22. V = V
23. W = W
24. X = X
25. Y = Y
26. Z = Z

Ich kenne zwei Bücher, die diesem unheilvollen Trend entgegenwirken: Thomas ARMSTRONG: *Das Märchen vom ADHS-Kind* (Vorwort von mir) und Lee CARROLL/Jan TOBER: *Die Indigo-Kinder* (siehe folgendes Wissens-ABC).

Zwar leuchtet es sofort ein, daß alles, was beim Fern- oder (Video-)Sehen gespielt werden kann, beim Lesen ebenfalls geht, dennoch möchte ich Ihnen ein er-LESEN-es Beispiel anbieten; es handelt sich um das Thema der „Ritalin"-Kinder (auch „Zappelphilipp" genannt), Fachleute sprechen lieber von ADD oder ADHD (im Deutschen wird aus dem zweiten „D" gerne ein „S"). Die Tatsache, daß wir diese Kinder in die Kategorie „krank" sortieren, scheint das Verschreiben von Medikamenten leichter zu machen. Auch Heroin wurde vor knapp 100 Jahren genauso bedenkenlos verschrieben wie heute Ritalin, noch ehe man die Langzeitwirkungen erforscht hatte. Demnächst kommen die ersten Ritalin-Opfer in die Pubertät; noch ist nicht abzusehen, welche Langzeitschäden es geben wird.

Beispiel 3: Lesen

Quelle: *Die Indigo-Kinder* (CARROLL/TOBER, s. Literaturverzeichnis)

1. A = ADD & ADHD (= **A**ttention **D**efizit "**H**yperactivity" **D**isorder)
2. B = Bedürfnisse: emotional sichere Erwachsene, die auch als gute Modelle "dienen". Bremse: man bremst sie aus, bis sie ausrasten ...
3. C = Charakteristikum: "Störenfried", weil sie keine Befehle (ohne Erklärungen) akzeptieren
4. D = Disziplin: erklärt, vorgelebt und aus(??)-gewählt: ok; demokratisch diskutieren, sonst Gefahr: dumpfer Dämmerzustand bei Fehl-"Behandlung" (im Wort-Sinn)
5. E = Entwickeln oft eigene Lernmethoden (insbesondere Lesen und Mathe), explorativer Lernstil
6. F = Fordern Achtung und Respekt. FLYNN-Effekt (nach James FLYNN): Jede Generation im IQ höher und Angleichung der verschiedenen Rassen aneinander, trotz schlechterer Schulleistungen
7. G = Grenz-Festlegungen müssen gemeinsam vorgenommen werden
8. H = Herausforderung an Eltern und Lehrkräfte: Diese Kinder müssen so behandelt werden, wie eigentlich alle Kinder behandelt werden müßten

9. **I = Indigoblau:** intelligent und kreativ
10. **J = Ja** zu ihrer Begabung (statt Nein zu diesen Kindern!)
11. **K = Kritik** vermeiden!!
12. **L = Lernen** nur explorativ! **Langeweile** tritt leicht auf. **Legale Drogensucht** (heute Ritalin, vgl. Heroin vor knapp 100 Jahren). **Lebenssinn** immens wichtig, wird in der Regel mit ca. 26 Jahren evident, dann konzentrieren sie all ihre Energien darauf

Vielleicht tauchen ADHD-Kinder vermehrt auf, weil wir uns immer weiter wegbewegen von dem, was Kinder brauchen, und weil die eiserne Disziplin im Staat und allen Organisationen fehlt, um sie total zu unterdrücken?

13. **M = Manipulation** dieser Kinder fast unmöglich, sie durchschauen **Machenschaften**
14. **N = Normal – Nein!!**
15. **O = Orientierung:** wenn sie fehlt, laufen sie **Amok**, dann töten sie durchaus Erwachsene (Eltern, Lehrkräfte) oder andere Kinder ...
16. **P = Phänomen** zunehmend! **Problemkinder** nur per Definition von Menschen, die sich nicht auf sie einstellen können (vfb[1]: vgl. Therapie-Erfolge), **Power-Kids!**
17. **Q = Qualität:** Leistungen könnten oft weit über Durchschnitt liegen, aber sie kommen in **Regelschulen** nicht klar (moi: **Definition Regel-Schule:** die Regeln sind wichtiger als das „Schulen" der SchülerInnen dort ...)

---

[1] Mit „vfb" kennzeichne ich eigene Assoziationen, die während des Aufnehmens von Informationen auftauchen. Ich habe die meisten dieser eigenen Gedanken in den Wissens-ABCs getilgt, da sie auf mein spezifisches Wissen zurückgreifen und im allgemeinen für Fremde unverständlich wären.

18. **R = Respekt statt Ritalin** = besser als **Ritalin statt Respekt!** **Reaktion** auf mangelnden Respekt weit mehr als „normale" Kinder (vfb: die dann klein beigeben und still leiden ...)
19. **S = Selbst-Verantwortung. Selbstwertgefühl** „angeboren" (wenn es jedoch zerstört wird: Gewalt!)
20. **T = Team:** Eltern und Kind
21. **U = Umgang:** direkte Befehle ohne Erklärungen führen zu direkter Verweigerung (vgl. „V")
22. **V = Verweigerung** „blinden Gehorsams" sowie sturen Paukens! **Veränderungen** (wenn sie ihren Weg gehen dürfen) sind groß; **Verhaltensmuster** ansonsten auffallend
23. **W = Wirkung:** asozial, subnormal, ungezogen, frech; **Widerstand** gegen jede „leere" Autorität und Befehlsgewalt ohne echte Autorität (z.B. Eltern, LehrerInnen)
24. X = X
25. Y = Y
26. **Z = Ziel** für Eltern: „demokratisch diskutieren", echtes **Vorbild/Modell** sein und vorleben

Um Sie auf das folgende Fallbeispiel einzustimmen, möchte ich Sie zu einem kleinen Quiz einladen.

Mini-Quiz

Aufgabe 1: Angenommen, Sie werfen einen Blick ins TV-Programm und sehen, daß Sie noch ca. 12 Minuten auf eine Sendung warten müssen, die Sie heute unbedingt sehen wollen. Also schalten Sie schon mal ein und werden zufällig Zeuge einer Aussage eines Forschers (ich paraphrasiere):

Wieder mal wurde nur der Nachname des Forschers ganz kurz eingeblendet: DIMETRIADES

... (es geht um) die Frage: **Warum starben** im **Vietnam-Krieg weit mehr schwer verwundete Soldaten als im Falkland-Krieg, wo Soldaten mit ähnlichen Verletzungen überlebten.** Dabei muß man bedenken, daß die Leute in Vietnam schneller als je zuvor in der Menschheitsgeschichte vom medizinischen Personal versorgt werden konnten, während die Betroffenen im Falkland-Krieg teilweise bis zu zwei Tagen in der Kälte warten mußten, ehe sie versorgt werden konnten. Trotzdem überlebten weit mehr ...

Nun die Frage: Würden Sie an dieser Stelle mehr wissen wollen?

❐ a) Klar doch! Das ist doch spannend!

❐ b) Na ja, bis die TV-Sendung beginnt, die ich eigentlich sehen will ...

❐ c) Nein, so etwas interessiert doch nicht!

Nun, Sie ahnen es, meine Antwort war a) – demzufolge ließ ich die ursprünglich geplante Sendung sausen. Übrigens: Mehr Infos dazu finden Sie im Beispiel 3 (S. 64f.).

Wir kommen darauf zurück (S. 67).

Aufgabe 2: Die Grundbedeutung des indoeuropäischen „Gen" ist das Erschaffen, **Erzeugen** (biologisch wie künstlerisch-kreativ); wir entdecken sie z.B. bei „Genus", „Genese", „Genesis" und „Genetik" wieder. Frage: Was wird bei „iatrogenen" Prozessen konkret **erzeugt**?

Ihre Antwort: _____

Auch das folgende Fallbeispiel verdanke ich der Tatsache, daß ich in eine TV-Sendung „platzte", die mich sofort „ergriff". Also notierte ich ein erstes „schnelles ABC", während ich fasziniert zuhörte.

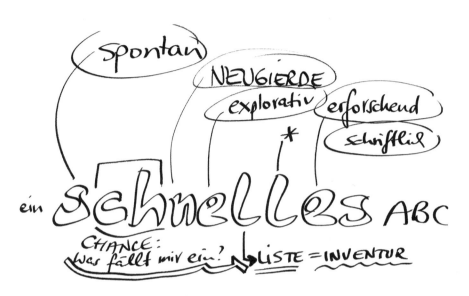

Wie die folgenden Seiten zeigen, fielen diese Infos bei mir „auf fruchtbaren Boden", da sie ein Thema betrafen, über das ich in der Vergangenheit schon gearbeitet hatte. Wir stehen ein **zweites Mal** in der Geschichte der modernen Medizin vor der Frage, **wieviele Leute noch sterben müssen, ehe die Mediziner umdenken** ...

✳ doppelte Buchstaben müssen nicht doppelt belegt werden (wie hier die beiden „l").

Beispiel 4: BBC-Special über unglaubliche Selbstheilungskräfte

1. **A** = **Alarm**-Reaktion; **autonome** Selbstheilungs-Mechanismen (z.B. **Absenken** des Blutdrucks wg. Blutpfropfen)
2. **B** = bei **Blutverlust** (vgl. „K"), **Blutplättchen** „verkleben", um das Blut zu stoppen
3. **C** = **Chemische** Kettenreaktion[2]
4. **D** = **Damage** Control Procedure (**DCP**), Dr. DIMETRIADES
5. **E** = **Endorphine** (töten Schmerzen, verlangsamen Blutdruck und bilden Blutgerinnsel [Blutpfropf])
6. **F** = **Flucht**-Reaktion = Ruhigstellung des Organismus, **Falkland-Krieg**
7. **G** = **Gesundungs-Mechanismen** nicht durch die normale „Schock-Behandlung" unterlaufen und boykottieren ...
8. **H** = **Hypothermie** = Unterkühlung als Therapie (der Natur abgeschaut)
9. **I** = **IATROGEN, Immunsystem** (aktiviert Selbstheilungskräfte, **Infusionen** lösen neue Blutungen aus ...
10. **J** = **JA** zur Selbst-Organisation und Selbstheilung des Körpers
11. **K** = **Kühlung** (vgl. „A") bzw. **Kälte**
12. **L** = **Leukozyten** (= weiße Blutkörperchen, GS-9-Truppe)
13. **M** = **Medizin** (neue) contra „alte" Schulmedizin!

---

[2] **Chemische Kettenreaktion**: Durch Mangel an Sauerstoff geschädigte Nervenzellen schädigen auch gesunde Nervenzellen. Die Kühlung verhindert diese Kettenreaktion und demzufolge auch Folgeschäden.

14. N = **Neuro-Mechanismen** (Kettenreaktionen, vgl. „C" und dazugehörige Fußnote)
15. O = **Orientierung: Natur,** damit komplexe (zu „P")
16. P = **Prozesse,** die möglichst ungestört ablaufen können
17. Q = **Qualität** des Heilungs-Prozesses bei Schock ...
18. R = **Reaktion** auf Blutverlust, **rote Blutkörperchen,** Professor RYAN (Falkland-Krieg)
19. S = **Sauerstoff-Transport** (vgl. rote Blutkörperchen), **Sauerstoffmangel:** max 3 Minuten, **Selbstheilungskräfte** (vgl. „I")
20. T = **Trauma:** erst warten, nicht gleich Infusionen geben und vor allem den Blutdruck niedrig belassen!
21. U = **Unterkühlung** = Teil des körpereigenen Heilungsprozesses!
22. V = **Vietnam-Krieg**
23. W = **Weiße Blutkörperchen,** die „GS-9-Truppe" (Widerstand gegen Feinde des Organismus)
24. X = X
25. Y = Y
26. Z = **Zukunft:** „Der Natur zu ihrem Recht verhelfen", (Heilung) zulassen; **Zucken** (bei schweren Kopfverletzungen) die Regel

Anschließend legte ich noch schnell drei KaWa.s© zu drei Schlüsselbegriffen des Beitrages an und auch hier können wir konstatieren, mit wie wenig Zeitaufwand man eine Menge „Zeugs" lernen kann, ohne im herkömmlichen Sinne überhaupt zu lernen!

In der Regel lege ich unmittelbar im Anschluß ein(ige) WORT-Bild(er) an, wenn mich das Thema „packt", was hier ebenfalls der Fall war: Da es ja um Patienten geht, die „im Schock" sind, begann ich mit diesem Begriff:

Einer der Gründe, warum ich von diesem Bericht so „angetan" war, ist die Tatsache, daß ich hier ein **brillantes Fallbeispiel** für einen Begriff entdeckte, den ich seit Jahren im Seminar einsetze, um einen bestimmten Aspekt der Wahrnehmung (der KONSTRUKTION) und der späteren Erinnerung (der Re-Konstruktion) zu demonstrieren. Dabei bediene ich mich gerne bestimmter Aspekte der Wirklichkeit, die wir z.B. unbewußt wahrnehmen und die uns nach dieser „Lektion" im Seminar förmlich ins Auge (oder Ohr) zu springen scheinen, wiewohl sie vorher auch schon wahrnehmbar gewesen wären. Eines der Wörter ist „iatrogen", denn es handelt sich um einen Schlüsselbegriff einer politischen Debatte, die gerade erst begonnen hat (siehe Kasten S. 67).

Bitte lesen Sie diesen Absatz einmal durch und versuchen Sie die Bedeutung von „iatrogen" zunächst zu erraten (wenn Ihnen das Wort noch unbekannt ist): „iatrogen"! Auf der einen Seite lamentieren wir über die Kostenlawine im Krankheitsbereich (interessant, daß der Schwerpunkt immer auf Krankheit liegt, nie auf Gesundheit), andererseits häufen sich die Indizien, daß die Anzahl iatrogen erzeugter Leiden und Todesfälle bis zu 50 % des Gesamtvolumens ärztlicher Leistungen betragen könnte! Somit ähnelt die Lage der in der Werbung: Es ist bekannt, daß mindestens 50 % der Werbung für die Katz ist – wir wissen leider nur nicht, welche Hälfte es ist! Analog können wir feststellen, daß die Patienten in ca. 50 % der Fälle ohne ärztliche Hilfe besser dran gewesen wären. Aber im Gegensatz zur Werbung beginnen wir langsam zu begreifen, welche Situationen durch die sogenannte ärztliche Heilkunst eher zur Unheil-Kunst werden könnten.

Vgl. S. 62: Haben Sie es gewußt?

Sie haben es erraten? Der Begriff „iatrogen" enthält „gen", also die Erschaffung von etwas, sowie „iatros" (griechisch für „Heiler"). Somit beschreibt es „etwas, das erst durch die ärztliche Heilkunst geschaffen wird". Dieses Etwas kann, wie wir heute wissen, Krankheit und Tod sein. Man denke nur an engagierte und couragierte Leute wie SEMMELWEISS, der fast zwei Jahrzehnte lang als verrückt abgestempelt wurde und beinahe im Irrenhaus landete, nur weil er die herrschende Meinung infrage stellte. Die Tatsache, daß er eine Geburts-Abteilung aufbauen konnte, in der die Todesfälle rapide zurückgingen, interessierte keinen Menschen, insbesondere keine Ärzte! Hätte LISTER in England die Ergebnisse seines Kollegen in Wien nicht bestätigt, dann wären noch weitere Jahre oder Jahrzehnte nichts passiert. Was hatte SEMMELWEISS behauptet? Nicht mehr, als daß Ärzte vor einer Operation ihre Hände waschen müssen! Es ist heute nicht mehr nachvollziehbar, aber damals war es an der Tagesordnung, daß die Mediziner ihre Patientinnen reihenweise um-

Tod im Kindsbett ⇓ iatrogene Tötung

brachten, wenn sie vom Hörsaal oder von der Autopsie direkt in den Kreißsaal eilten, um (mit Anzug, Krawatte, Sakko) bei einer Geburt zu helfen. Kein Mensch wollte damals glauben, daß die HEILER selbst tödliche Keime in den Gebärmutterhals einbrachten, an denen die jungen Mütter einige Tage später starben.

Der Tod im Kindsbett wurde für „natürlich" gehalten, unabhängig von der Tatsache, daß er fast nur in Krankenhäusern auftrat. In Gesellschaften (bzw. Schichten der eigenen Gesellschaft), in denen Frauen ihre Kinder mithilfe anderer Frauen zur Welt brachten, kam es so gut wie nie zu diesen tödlichen Infektionen.

Da greift man sich an den Kopf und fragt: „Wie kann das sein?" Nun, es gibt mindestens **zwei** Gründe, warum die Forschungsarbeit zu iatrogenen „Verschlimmbesserungen" (und Tötungen) so langsam fortschreitet:

– **Erstens**, ist die Schulmedizin (wie jeder klassische Forschungszweig) unglaublich konservativ; Neuerungen werden jahrzehntelang vehement bekämpft. Darunter hatten alle großen Pioniere zu leiden, nur daß im Falle der Medizin Patienten mitleiden oder sogar scharenweise sterben müssen!

– **Zweitens** decken Ärzte ihre Kollegen gerne, wenn es um eine Teilmenge iatrogener Probleme geht, die als **Kunstfehler** vor Gericht stehen, so daß unabhängige Kommissionen (die dummerweise wieder aus Ärzten bestehen) nur bedingt erfolgreich sind.

Am meisten würde man durch Autopsien lernen, aber abgesehen davon, daß sich Angehörige oft dagegen verwahren, werden sie von Staat und/oder Krankenhäusern angeblich aus finanziellen Gründen immer öfter gestrichen, mit dem Ergebnis, daß wissenschaftliche Ergebnisse auf sich warten lassen.

Es gibt Schätzungen, denen zufolge allein in Europa mindestens eine halbe Million Frauen auf dem Altar dieser „wissenschaftlichen" Sturheit geopfert wurde. Also ist dies ein Fallbeispiel für **iatrogene Tötungen** „am Fließband".

Deshalb legte ich nun ein KaWa© zu „iatrogen" an:

Da dieses Thema mir schon lange am Herzen liegt, war ich so fasziniert, als ich in diesen BBC-Bericht „platzte". Als ich einschaltete, hörte ich, wie der englische Mediziner Professor Jim RYAN gerade erklärte: Zahllose Soldaten seien in den Kriegen seit dem Vietnam-Krieg „iatrogen getötet" worden.

Hätte ich den Begriff „iatrogen" nicht gekannt, hätte ich wohl nur wahrgenommen: „Zahllose Soldaten ... im Krieg ... getötet ..." und hätte wohl auf den Sender geschaltet, auf dem ich „meine" Sendung erwartete, aber so „riß es mich förmlich"! Einige Minuten später stand ich immer noch mit offenem Mund da ... Wieder sehen wir (vgl. das Bienen-Beispiel, S. 50ff.): Sämtliche

Rahmen-Details werden vollautomatisch mit eingespeichert, wenn wir etwas Bahnbrechendes, Faszinierendes, Aufregendes entdecken – es geht gar nicht anders! Die Tatsache, daß wir etwas als wichtig oder WESEN-tlich einstufen, löst eine Art Rund-um-Gedächtnis© aus, deshalb plädiere ich ja seit Jahrzehnten dafür, daß wir mehr Möglichkeiten suchen sollten, als EntdeckerIn zu lernen (statt mit weniger als 10 % unserer Kapazität) stur zu pauken. Aber, um von meinem Lieblings-Thema Nr. 1 „Trotz Schule lernen!" zu unserem Thema „iatrogen" zurückzukehren – nun stellte sich folgendes heraus:

Seit dem Vietnam-Krieg (1969) konnten schwerstverletzte Soldaten schneller als je zuvor in der gesamten Menschheitsgeschichte dem medizinischen Personal zur Betreuung übergeben werden. Statt wie früher viele Stunden, oft tagelang „herum-zu-liegen", dauerte es hier oft nur Minuten (Maximum wenige Stunden), bis die Opfer medizinisch versorgt werden konnten. Darüber hinaus waren die Erste-Hilfe-Maßnahmen besser: erstens, weil Soldaten extra darin ausgebildet waren, ihren verwundeten Kameraden zu helfen, bis die „Medics" eintrafen; zweitens, weil auch die Hilfsmittel inzwischen weit professioneller geworden waren. So hat man z.B. leichtgewichtige, ausziehbare Plastik- oder Aluminiummaterialien und kann ein Bein jederzeit schienen. Also hätten logischerweise weit mehr schwerverletzte Betroffene überleben müssen.

Da die modernen Armeen dieser Welt meist recht gute Daten sammeln, mußte man im Nachhinein entsetzt feststellen, daß genau das eben nicht der Fall war; es starben weit mehr Trauma-Patienten als früher. Professor RYAN bemerkte diesen unheilvollen Zusammenhang vor allem deshalb, weil er im späteren Falkland-Krieg als Mediziner Dienst tat, bei dem die statistischen Zahlen unerwarteterweise eine völlig „andere Sprache sprachen", denn hier war alles „verkehrt".

Erstens mußten die Verwundeten, darunter auch schwerstverletzte Trauma-Patienten, eher zwei bis drei Tage als zwei bis drei Stunden auf Hilfe warten; zweitens war es extrem kalt (vor allem nachts), so daß gemäß den Regeln der Schulmedizin die Sterberate extrem hoch hätte sein müssen. Aber das Gegenteil passierte.

 Es überlebten weit mehr dieser schwerstverletzten Soldaten als laut Lehrmeinung der Schul-Wissenschaft überleben hätten dürfen.

Das brachte RYAN zu der Einsicht, daß die akzeptierten Vorgehensweisen bei Traumata möglicherweise einige der Soldaten, die der Feind nicht umgebracht hatte, hinterher selbst töten. Mußten früher junge Frauen sterben, weil die Medizin noch nicht genug wußte, so machten jetzt die Todesraten junger Männer einen Mediziner aufmerksam. Also begann RYAN die Sache systematisch zu erforschen. Inzwischen gibt es eine Reihe von Einsichten (und diese schilderte jener BBC-Bericht), indem es vor allem darum ging, die Selbstheilungskräfte des Körpers wieder zu aktivieren (dem galt mein drittes KaWa©, S. 73).

1. Wenn der Körper schwerstgeschädigt ist, stellt er sich vor allem ruhig: **der Blutdruck fällt**. Dies bedeutet, daß **Blutungen langsamer** werden (man also **weniger Blut verliert**). Herkömmliche Traumata-Medizin versucht als erstes, den Blutdruck zu „stabilisieren", ihn also wieder „hoch" zu treiben. Dies behindert aber den nachfolgenden Aspekt.

2. Der Körper jagt immer mehr **Gerinnungsförderer** ins Blut, so daß sich erste „noch labile" **Blutpfropfen** bilden, die den **Blutfluß** zunächst einmal **stoppen**. Diese **körpereigene Erstversorgung** kann aber nur funktionieren, wenn der **Blutdruck NIEDRIG** bleibt und nicht von einem Helfer **künstlich wieder HOCH**-getrieben wird.

3. Der Körper sorgt für **Unterkühlung**, da dies gewisse **chemische Prozesse** verlangsamt bzw. teilweise ganz zum Stillstand bringt. Die Rede ist von der „**chemischen Kettenreaktion**" (vgl. „C" im ABC sowie Fußnote hierzu, S. 64). **Auch diesen Prozeß stoppen die Helfer äußerst erfolgreich, so daß geschädigte Nervenzellen weitere Zellen schädigen**, die wiederum weitere etc., bis der Prozeß zum unaufhaltsamen Zer- oder Verfall führen muß, den man dann für unumgänglich hält („Wir haben alles menschenmögliche getan, konnten ihm aber nicht mehr helfen!").

Fazit BBC-Bericht

4. Inzwischen gibt es **regelrechte Anti-Schulmedizin-Schock- und Traumata-Protokolle – DCP** (Damage Control Procedures) – die von einigen Ärzten, die es wagten, gegen die offizielle Meinung anzugehen, entwickelt wurden. Hier zeigt der Bericht einen Dr. DIMETRIADES, der dafür plädiert, dem Körper ca. drei Tage einzuräumen, in denen man die **Selbstheilungsprozesse** „nur" unterstützt, ehe man beginnt, „medizinisch" einzugreifen. So werden heute z.B. Unfallopfer mit zerrissener Leber u.ä. nicht unmittelbar unter das Messer gelegt, sondern sie bekommen **Kältepacks** auf die betroffenen Stellen, so daß die Kälte und der niedrige Blutdruck die Art von Arbeit tun kann, die als Grundlage für das Überleben notwendig ist.

Sie sehen, ein schnelles ABC beim Zuhören, gefolgt von drei KaWa.s© hinterher (insgesamt ca. 10 Minuten) sorgen dafür, daß ich in einem einzigen ersten Durchgang sehr viel BEGREIFEN (KONSTRUIEREN konnte), was die Grundlage für Merken ist. Mit den vier Dokumenten (eine ABC-Liste, drei KaGa.s©) und einigen kleinen Fußnoten, die ich „drumherum" gekritzelt hatte, könnte ich jetzt auch zu diesem Thema eine Prüfung schreiben bzw. hätte die Grundlagen für ein Referat oder eine mündliche Prüfung.

Wichtig: Das bewußte aktive (rein mechanische) HÖREN auf Begriffe, die in ein ABC passen, erhöht die Aufmerksamkeit dramatisch, weil man weit mehr wahrnimmt – das entspricht voll den neueren Forschungs-Ergebnissen (vgl. z.B. Ellen J. LANGER). Solche Übungen zeigen auch, daß kurzes gezieltes selbst denkendes „Nacharbeiten" hinterher (= eine erste Re-KONSTRUKTION) die Infos **via Begreifen** festigt (konsolidiert), so daß spätere RE-KONSTRUKTION leicht wird.

> Wenn wir das Prozedere (z.B. ABC-Liste, KaWa©) als Spiel angehen, wird es genauso viel Spaß machen wie einige Runden „Stadt-Land-Fluß"; es aktiviert auch den Stadt-Land-Fluß-Effekt© in uns, aber es bringt so viel mehr.

Und das nur, weil wir lernen können, beim „ganz normalen" Fernsehen ein wenig „unnormal" zuzuhören, indem wir beim Hören ein Wissens-ABC beginnen. Dasselbe können wir beim HÖREN tun (von einer Radiosendung oder einem Audio-Programm über Unterricht, Vorträge etc.).

Tja, Wissen erwerben, erweitern oder vertiefen könnte so einfach sein, wenn wir es zulassen würden.

 Mit Wissen spielen, warum nicht? Aber professionell – eher wie ein Tennis-Crack ... Was meinen Sie?

Beispiel 5: Gicht

1. **A** = **Arthritis** = Gicht: früher Leiden des **Adels**, Abbauprobleme k Harnsäure (siehe „Z")
2. **B** = **Blutwerte**: Harnsäure
3. **C** = **Chancen** via Ernährungsumstellung (weniger Fleisch, viel Obst und Gemüse); chronische Gicht: irreversible Schäden
4. **D** = **Diät** als Therapie
5. **E** = **Ernährung**: Einfluß auf Harnsäure wichtiger als Medikamente

Ein „nano"-Bericht von ca. 7 Minuten. „nano": Eine tolle Info-TV-Sendung auf 3Sat und in den dritten Programmen (leider oft nachts zwischen 23.30 Uhr und 5.30 Uhr morgens).

6. **F** = **Fastenkuren** können Gegenteil bewirken (Gefahr: zu wenig Flüssigkeit kann sogar zu akuten Gichtausbrüchen führen!)
7. **G** = **Gelenke** besonders gefährdet,
8. **H** = **Harnsäure** im Blut (gut ca. 6,8; mies ca. 10,2)
9. **I** = **Immunsystem** – intelligenter Umgang ...
10. **J** = **Ja** zu Fisch: ein- bis zweimal pro Woche (besser Dosenfisch als gar keiner)!
11. **K** = **Kristallisierung** (der Harnsäure) an Gelenken, insbesondere Bein- und Fußgelenke
12. **L** = **Leiden**: sehr schmerzhaft
13. **M** = **Mahlzeit** (Schlüsselfaktor!)
14. **N** = **Nieren** müssen Harnsäure ausscheiden, falls nicht, dann Probleme ...
15. **O** = **Osteoporose**: ca. 25 % der Bevölkerung betroffen (erhöhte Harnsäure)

16. **P** = **Punktieren** (Gewebeprobe) um zwischen echten Gichtschüben und anderen Krankheiten mit sehr ähnlichen Symptomen zu unterscheiden, bei denen ganz andere Therapieformen notwendig sind (z.B. Polyarthritis)
17. **Q** = **Quantität**: Harnsäure
18. **R** = **Rheuma** vs. Gicht – Ärzte als Experten behandeln beide Formen (Bericht erklärte leider **nicht**, worin Gemeinsamkeiten bzw. Unterschiede liegen)[3]
19. **S** = **Stoffwechselstörung**, Harnsäurespiegel kritisch
20. **T** = **Therapie**: gute Chancen mit Ernährungs-Umstellung für die meisten Leute (wenig Alkohol, wenig Fleisch, kleine Portionen, keine Innereien)
21. **U** = **Ursächlich**: Übergewicht (und Flüssigkeitsmangel)
22. **V** = **Volkskrankheit** (erstmals in der Menschheitsgeschichte)
23. **W**= **Wohlstandskrankheiten**, eine davon (wie Übergewicht, Diabetes etc.), wir haben so viel Wohlstand, daß sogar „arme Leute" bei uns daran leiden
24. **X** = X
25. **Y** = Y
26. **Z** = **Zellkernreiche** Nahrungsmittel führen zu Abbauproblemen von Harnsäure

Wir können unser eigenes Wissens-ABC konsultieren, wenn wir ein KaWa© anlegen: auswendig oder durch „spicken".

---

3 Sie sehen, daß uns bei diesem Wissens-Spiel **ganz nebenbei** auffällt, **welche Informationen man uns vorenthält.**

76 Birkenbihl: Wissens-Spiele

Hinterher kann es sehr spannend sein, als „Jäger" (Explorer, Abenteurer) auf die Suche nach den fehlenden Infos zu gehen und reiche BEUTE zu machen (vgl. Überblick über die 10 strategischen Ansätze, Wissen zu erwerben, erweitern und vertiefen, z.B. im Video-Seminar *Von nix kommt nix* und im Merkblatt Nr. 3, S. 110f.).

Anschließend spielte ich noch den Begriff GICHT. Interessant am folgenden KaWa© ist:

– **Da das Wort GICHT so kurz ist**, belegte ich den Buchstaben „I" einfach dreimal (s.u.).
– **Da jede Sprache erlaubt ist**, kann man immer wieder schön „kreativ schummeln"; also brachte ich die Tatsache, daß Gicht früher (= Zeit) die Krankheit der Reichen (also des Adels) war, während es heute (= Zeit) eine Volkskrankheit ist, bei „T" (lateinisch tempus = Zeit) unter.

Ist es nicht unglaublich, was ein Bericht von wenigen Minuten „rüberbringen" kann?

Beispiel 6: Konfliktforschung (Was deutet auf Krieg?)

1. **A** = **Anzahl** von Waffen und Soldaten (früher), heute (siehe „Q"); **Alternativen** zum Krieg
2. **B** = **Bodentruppen**; **Berater** der Regierungen
3. **C** = **Co-Evolution** von Kampfeswillen
4. **D** = **Diplomaten** (in **UNO**) versuchen Kriege zu vermeiden; **Differenzen** zwischen NATO-Verbündeten machen Frieden schwierig
5. **E** = **Ethnische** Konflikte in letzten Jahren verschärfen Lage Arabiens vs. Westen, Islam vs. Christentum
6. **F** = (vfb) **Frieden** muß aktiv herbeigeführt werden (wie Kriege auch)
7. **G** = **Golf-Region**, Fallbeispiele noch und nöcher ...
8. **H** = **Hightech-Waffen** (inkl. am Soldaten selbst)
9. **I** = **Israel/Palästina-Konflikt**, **Irak**-Konflikte (vs. **Iran**, vs. die Welt)
10. **J** = J
11. **K** = **Krieg-** und **Konflikt**-Forschung: Parallelen
12. **L** = **Luftabwehr** extrem wichtig
13. **M** = **Militärische** „Auseinandersetzung": immer ein „Krieg"?
14. **N** = **Nachsorge** meist nicht existent (vgl. Afghanistan damals, als die Russen das Land verließen, und heute; viel zu wenig Hilfe, um das Land endlich einmal aufzubauen ...); **NATO**
15. **O** = **Ohne** moralische Skrupel: Kriegstreiber wie Bush (senior und junior): **Opfer**: Zivilisten a) durch Verletzungen und Tote im Krieg und durch Minen später sowie b) in der Nachkriegszeit, wenn es an allem fehlt und wieder eine Generation von Kindern sich suboptimal entwickeln wird (geistig-intellektuell wg. Unterernährung, Krankheiten etc.)
16. **P** = **Probleme** nach dem Krieg: vorher bedenken
17. **Q** = **Qualität** der Waffen heute wichtiger als Anzahl (siehe „A", Waffen/Soldaten)

> Ein „nano"-Bericht von ca. 5 Minuten. „nano": Eine tolle Info-TV-Sendung auf 3Sat und in den dritten Programmen (leider oft nachts zwischen 23.30 Uhr und 5.30 Uhr morgens).

18. **R** = **Region**, gesamte: in Brand stecken
19. **S** = vfb: **Stehende** Heere[4] (moderne Kriegsführung); **Strategie** entscheidend
20. **T** = **Tägliche** Einschätzungen der Kriegs-Wahrscheinlichkeit: Washington Post; diese Veröffentlichungen beeinflussen die Kriegs-Chance ebenfalls!

[4] Bei „stehendes Heer" erinnerte ich mich daran, auf einer langen Autofahrt vor ca. 20 Jahren ein Interview mit einem Historiker gehört zu haben, der u.a. darauf hinwies, daß die moderne Kriegsführung des vorletzten Jahrhunderts bis zu den beiden großen Weltkriegen nur möglich wurde, weil die Menschheit das „stehende Heer" erfunden hat (davor gab es nur Heere in Bewegung). Im Klartext: Im Falle eines Krieges wurde rekrutiert und auch viele junge Leute gegen ihren Willen „eingezogen", denn ein Heer zu ernähren war in Friedenszeiten nur möglich, wenn Riesenmengen an Überschuß (Nahrung, Kleidung etc.) produziert werden konnte. Im Kriegsfalle hingegen ernährten sich Soldaten, indem sie umliegende Bauernhöfe überfielen und sich nahmen, was sie brauchten. Im Optimalfall befanden sie sich ja hinter der Feindeslinie und überfielen daher feindliche Bauernhöfe. Früher konnten sich nur wenige große Herrscher ein „stehendes Heer" leisten, aber in den letzten Jahrhunderten wurden „stehende Heere" zur Regel (natürlich auch durch hohe Steuern). All das und mehr fiel mir ein, als ich die zwei Wörtchen „stehendes Heer" notierte!

21. **U** = **Überlegene** Waffen (nicht unbedingt mengenmäßig mehr); **UNO**
22. **V** = **Völkerrechtler** versuchen Spielregeln für Kriege zu finden (z.b. Genfer Konvention), derzeit besteht die große Debatte, ob man einen „pre-emptive strike" zulassen darf; wenn ja, könnten in Zukunft alle möglichen Länder alle erdenkliche Gebiete mit Krieg überziehen, um eventuelle spätere Aktionen jener Länder zu vermeiden ...
23. **W** = **Wissenschaftler** befürchten, daß die Gegend auch nach einem neuen Irak-Krieg keinen Frieden finden wird, sowie daß weltweit der Terror als Reaktion anwachsen wird ...
24. X = X
25. Y = Y
26. **Z** = **Zivilbevölkerung** ist immer das Opfer ...

Beispiel 7: Steinadler

1. **A** = **Angst** vom Fliegen, **Adler** als Symbol für **Aggressivität**, Entschlossenheit und Kampfbereitschaft. **Amerikaner** (Nazis benutzten ihn exzessiv)
2. **B** = **Beutetiere** bis zur Größe eines Rehes oder eine Gemse; **Brutvogelatlas** (zeigt, z.B. wo die Adler-Reviere liegen); **Baumhorst** eine weitere Horst-Art

> Ein „nano"-Bericht von ca. 30 Minuten. „nano": Eine tolle Info-TV-Sendung auf 3Sat und in den dritten Programmen (leider oft nachts zwischen 23.30 Uhr und 5.30 Uhr morgens).

3. **C** = **Christliches Symbol**: Adler in Kirchengeschichte, wichtiges Symbol in Königshäusern
4. **D** = **Doppeladler** als politisches Symbol
5. **E** = **Eier** im Horst
6. **F** = **Flugbotschaften** an Revier-Eindringlinge: „Girlandenbotschaft"; beim **Füttern** erhält das stärkere Jungtier immer zuerst Fressen, wenn genug übrig ist, auch das schwächere (vgl. chinesisches Sprichwort: Der Stärkste muß sich für die ganze Familie opfern – Sie sehen, die Chinesen plädieren für das Gegenteil)

7. **G = Gewöll**: was der Adler herauswürgt, da es für ihn unverdaulich ist (z.B. Wolle vom Schaf, Haare, Federn usw.). **Gleitschirmflieger** wirken wie Revierbedroher und bewirken, daß der Adler seinen Horst verläßt, um sein Revier zu verteidigen. Je öfter dies passiert, desto weniger Zeit und Energie ist für Nachkommen vorhanden; deshalb haben immer weniger Adler in gewissen Gegenden Junge
8. **H = Hakenschnabel**: gut zum Fressen, schlecht zum Kämpfen. **Horst** für Familienleben (Horst kann Felshöhleneingang hoch in Felswänden sein)
9. **I = Identifikation** durch Beringen der Jungtiere in den Horsten (seit den 50er Jahren üblich)
10. **J = Jäger** (Raubvogel)! Meist jagen sie überhalb des Horstes, da es leichter ist, mit Beute im Schnabel abwärts zu segeln als aufwärts. Wenn aber da oben nichts los ist (siehe „M"), Jungvögel extrem aggressiv zueinander; **Jungfernflug**: Jungvögel haben ordentlichen Respekt vor ihren ersten Flügen, die sie mutterseelenallein absolvieren müssen, es kann tagelang dauern, bis sie sich zum ersten Mal von einer Kante herabstürzen, zum Horst müssen sie dann zu Fuß zurück (kann Tage dauern), weil es vieler Flugstunden Training bedarf, bis sie auch aufwärts fliegen können
11. **K = Kampflust** enorm! Auch gegen Artgenossen! (vfb: vgl. Hyänen?), Geschwister werden verletzt oder aus dem Horst geworfen; **Kolkraben** vs. Adler, rauben ihm Beute und Adler können nur Reste holen, wenn Kolkraben gegessen haben
12. **L = Lawinenschäden**; **Luftalarm**: ein einzelner Pfiff (vgl. „M")
13. **M = Murmeltiere** leben ca. 150 m unterhalb des Adlerhorstes (Murmeltiere erkennen sich durch riechen an den BACKEN, dort spezielle Drüsen); ein Pfiff und sie verschwinden sofort! **Mondlandefahrzeug**: Adler als Symbol („The Eagle has landed ...")
14. **N = Nahrung**: tierisch
15. **O = Ostalpen**: einige Adlerhorste gesichtet
16. **P = Patrouillenflüge** (auf Revier-Eindringlinge achten)
17. **Q = Quantität**: teilweise Abschußprämien für Steinadler (bis Anfang der 50er Jahre), jetzt ist er geschützt – heute gilt er nicht mehr als akut bedroht

18. R = **Revier** gegen Artgenossen verteidigen, wenn „Girlandenbotschaft" ohne Erfolg; Angriff brutal, Verletzungen oft schwer, denn jedes Revier kann nur ein bis maximal zwei Adlerfamilien ernähren
19. S = **Schneedecke** dünn **nach** Lawinen, für Überlebende einfacher, Futter zu finden
20. T = **Teamwork** – Adlermännchen und -weibchen bebrüten Eier abwechselnd, gemeinsam; **Tele-Objektiv** erlaubt genaues Beobachten, ohne die Adler zu stören, z.B. das **Training** der Flugmuskulatur vor den ersten Flügen!
21. U = **Untersuchungen** schwierig, z.B. in Seilen in steilen Felswänden hängend; in den 50er Jahren gab es nur wenige Adler, sie waren schwer zu finden und zu beobachten
22. V = **Verwundungen/Verletzungen** von Adler-Geschwistern im Horst schlimm bis tödlich
23. W = **Wildtiere** Lawinenopfer; Adlerweibchen sind etwas größer
24. X = X
25. Y = Y
26. Z = **Zusammenhalten** des Adlerpaares, **Zusammenarbeit** Brüten und Aufzucht der Jungen

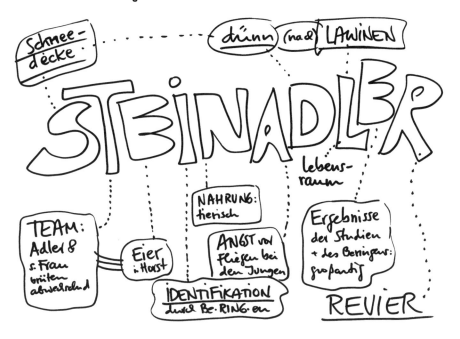

Beispiel 8: Der Winterschlaf der Bären – einmalig in der Welt!

1. **A** = **Allgemein** verbreitete Leiden könnten durch diese Forschung Linderung erfahren, insbesondere Osteoporose, Diabetes mellitus, Nierenleiden, Fettleibigkeit (siehe auch „O")
2. **B** = **Bären** = Schwarzbären (nicht z.B. Grizzly)
3. **C** = **Calzium (Kalzium)**, Wasser und Harnstoff: 3 Schüssel-Substanzen
4. **D** = **Durchhaltevermögen** unglaublich!
5. **E** = **Extrem** „exklusive" im Winter ...
6. **F** = **Fährtensucher** finden den Bären für die Wissenschaftler
7. **G** = **Grundlagenforschung**, wir lernen eine Menge über Prozesse im menschlichen Körper a) gegen Volkskrankheiten, b) gegen das Altern einzelner Organe (vielleicht eines Tages des Menschen) und c) für die Weltraumfahrt (z.B. Osteoporose)
8. **H** = **HIT** = Protein/Hormon (ein körpereigener Opium-Abkömmling) löst Zeitlupe aus. Versuche bei Affen (siehe „K") und Schweineherz: schlug über 8 Stunden, bis HIT abgestellt wurde; **HARLOW**, Prof. Henry J. HARLOW, University of Wyoming; **Herz-„Schrittmacher"**: erfaßt zwei Monate lang Daten im Bären (1. Temperatur, 2. Bio-Rhythmus, 3. Muskelkontraktionen und 4. Puls)
9. **I** = **Interesse** der Forschung ist enorm!
10. **J** = J
11. **K** = **Kein** anderes Tier hat eine so phantastische Stoffwechselschleife (siehe „S"); künstliches HIT: selbst Affen fallen spontan in leichte Kältestarre, wiewohl sie keine winterschlafenden Lebewesen sind, wenn künstliches HIT gespritzt wird; **Konsequenzen** für Transplantations-Medizin und große Operationen

> PRISMA-TV-Sendung, 45 Minuten. Leider nur ca. 9 Minuten BÄR, ca. 4 Minuten Astronauten und Raumfahrtprobleme bzw. mögliche Lösungen, Rest: Spurensuche, Fangen und Betäuben des Bären, die Operation etc. – also viel Abenteuer, wenig wissenschaftliche Daten. Schade!

H = Winterschlaf / Hibernation
O = einleitend / Inducing
T = Auslöser / Trigger

12. **L** = **Lebensschlüssel** via Forschung am Bären
13. **M** = **Muskeln**: kein Schwund, keinen Atrophie in 6 Monaten!
14. **N** = **Narkose**: Injektor direkt auf Fell aufsetzen und „Schießen", hat vorne Mini-Kamera, die ständig Fotos macht
15. **O** = **Organe**: Transfer (Organspende): Zeitdauer dramatisch verlängern (von jetzt ca. 4 Std. auf ca. 24 Std., die ein Organ ohne Sauerstoff überleben kann); aber auch Organe im Körper (z.B. das Herz bei einer Bypass-Operation), enormer Zeitgewinn möglich; **ohne** einen Tropfen zu **trinken**, einen Bissen zu essen, einen Tropfen auszuscheiden; **Operation** des Bären im Wald: EEG wird gemacht, Ultraschall lokalisiert Bärenherz für Operation (Implantation des „Schrittmachers") für Datenerfassung (Temperatur, Muskelaktivitäten und Puls) zwei Monate lang
16. **P** = **Probleme** der Astronauten (insbesondere für interplanetarische Flüge) könnten durch diese Forschung neue Lösungsansätze finden
17. **Q** = **Quantität**: kleinste Störung erweckt den Bären unmittelbar aus dem Winterschlaf
18. **R** = **Raumfahrt**: die Schwerelosigkeit löst den der Schwerkraft entstandenen menschlichen Körper auf: Muskeln, Herz, Knochen (1 % Abbau pro Monat), Blut, Nervensystem und Psyche (Dr. Linda SHACKEFORD); **Rätsel**: ohne Fressen/Trinken/Urinieren: wie regeneriert der Bär sich a) gegen Kraftverlust, b) gegen Muskelschwund (er kann jederzeit voll handeln, wenn nötig) und c) gegen Vergiftungserscheinungen (Kalzium und Harnstoff)?
19. **S** = **Schlüsselstoffe** (3): 1. Wasser, 2. Calcium und 3. Harnstoff; **Stoffwechsel-Schleife**: im Winterschlaf verliert der Bär nicht einen Tropfen Urin ... Da aber sowohl Calzium als auch Harnstoff toxisch sind ...[5]; **Sender** am Halsband a) wiederfinden b) Narkosemittel per Funk auslösen; **Schwarzbären** (können auch braun sein)

---

5 **Calzium** und **Harnstoff** = **toxisch**
Calzium kann **giftig** sein: Bei Inaktivität löst es sich aus den Knochen und gelangt ins Blut. Ein hoher Calziumgehalt dort wirkt **toxisch**. Beim Bären wird das gelöste Calzium dem Knochen wieder zugeführt, das ist einmalig in der gesamten Welt der Lebewesen!

20. **T** = **Temperatur**: nur einige Grad unterhalb normal (vs. andere Tiere im Winterschlaf)
21. **U** = **Unglaublich**: der Bär ist einzigartig in der gesamten Tierwelt!
22. **V** = **Verlust** Körperkraft in einem halben Jahr Winterschlaf nur 20 % (Mensch würde 80 bis 90 % seiner Muskelkraft einbüßen)
23. **W** = **Warum?** (Carl SAGAL sagte einmal: „Grundlagenforschung liefert die Saatkörner der Wissenschaft"; dies sind Saatkörner für unterschiedlichste Disziplinen), im medizinischen Bereich z.B. für Osteoporose, Diabetes mellitus, Nierenversagen und Fettleibigkeit
24. X = X
25. Y = Y
26. **Z** = **ZEITLUPE** resultiert aus 1. verlangsamtem Herzschlag auf wenige Schläge pro Minute, 2. Körpertemperatur, die um einige Grad fällt, 3. Stoffwechsel, der fast zum Stillstand kommt

Zu diesem Thema habe ich **zwei** KaWa.s© angelegt: Das erste zu WINTERSCHLAF ...

Fortsetzung Fußnote 5
Harnstoff: Endprodukt des Eiweißstoffwechsels = **toxisch**. Wird normalerweise in Nieren „bearbeitet" und dann ausgeschieden. Im Winterschaft wird der Harnstoff dem Körper wieder zugeführt, dort in seine einzelnen Aminosäuren zerlegt und zu Muskeleiweiß aufgebaut! Deshalb verliert der Bär bei einem halben Jahr Winterschlaf nur ca. 20 % seiner Muskelkraft (ein Mensch hätte 80 bis 90 % verloren!); Knochenmasse: während der Mensch ca. 1 % pro Monat abbaut, geschieht das beim Bären nicht, in 6 Monaten kein Abbau. Stichwort Osteoporose: Viele Astronauten haben ihren Knochenaufbau nach Rückkehr völlig wiedererlangt, aber viele haben irreparable Schäden davon getragen.

Mein zweites KaWa© spielt den Begriff RAUMFAHRT wegen der spannenden Wechselwirkung. **Einerseits** werden die Allgemein- und die Altersmedizin besonders von der Raumfahrt-Forschung profitieren, **andererseits** könnte der Winterschlaf des Bären Probleme der Raumfahrt lösen, insbesondere das **längere Verweilens auf Raumstationen** (die zu klein sind, als daß man durch Drehung Schwerkraft erzeugen kann) **und bei interplanetaren Flügen** (z.B. zum Mars), wenn wir die Astronauten in eine Art von künstlichem Winterschlaf versetzen könnten.

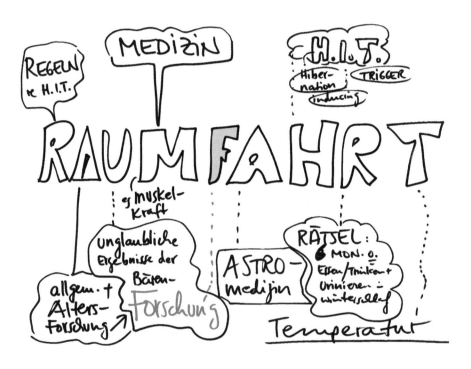

Beispiel 9: arte-Themenabend Mathematik

1. **A** = **Abakus** (mit dem Abakus lernt man den Prozeß des Rechnens kennen, dieser kann später im Kopf nachvollzogen werden); **Anzahl** vs. **Menge?** (siehe „I": Insel-Experiment"); **Addition**; **Athleten**, mathematische (z.b. EINSTEIN oder RAMANUYAN): viel Training, wie bei jeder „Sport"-Art; **assoziativ** (= verbunden) vs. **absolut** (unverbunden): Hirn = assoziativ!! **abstrakt** vs. konkret, Gehirn = konkret!!

   Dokumentation: Biologische Grundlagen für Mathe (ca. 40 Minuten)

2. **B** = **Babies** (nur wenige Wochen alt): kleine Mengen **erkennen** und einfache Additionen und Subtraktionen (3-1, 1+1, 1+2) **antizipieren** (Mickey-Mouse-Experiment mit verborgener Klappe, Indikator: wie lange Babies schauen)

3. **C** = **Chancen** durch Training

4. **D** = **diskret** vs. verbunden (= assoziativ); **dividieren**

5. **E** = **Einmaleins** = sehr schwer, weil 1) absolut und 2) abstrakt (siehe „A"); **explorativ** (siehe „L")

6. **F** = **Fähigkeiten**: Zahlensinn + räumliches Denken + Sprache + Gedächtnis

7. **G** = **Genetik**? 5000 Kinder, mißhandelt und/oder verlassen, wurden adoptiert und als Jugendliche wieder getestet; IQ im Schnitt 20 Punkte mehr! (vfb: vgl. PERKINS)

8. **H** = **Hardware** im Hirn: konkret und assoziativ ...

9. **I** = **Interaktion**: Gene und Umwelt (vfb: besser PERKINS); **Insel-Experiment**: Hier testeten zwei Forscher wilde Affen, die auf einer Insel lebten, indem sie ihnen je zwei identische Möglichkeiten parallel vorsetzten und sich entfernten, um zu beobachten, zu welcher die Affen zuerst gingen. Beispiel: In einer Tasche wurden vor den wachen Augen einer Äffin zwei Früchte plaziert, in die andere Tasche drei gelegt. Dann wurden die Taschen verschlossen und die Forscher entfernten sich. Da die Affen regelmäßig die Tasche mit drei Stücken zuerst öffneten, nimmt man einen Zahlensinn für kleine Mengen an. Auf der anderen Seite, wenn jede Tasche

einen halben Apfel enthielt, wobei der halbe Apfel einmal in zwei Stücke im anderen Fall in drei Stücke zerteilt worden war, zogen die Affen die Tasche mit den drei Stücken vor. Sie scheinen also **Anzahl** wahrzunehmen, nicht aber **Menge** » wie auch Babies (Kleinkinder)

10. J = J
11. K = **Können** (verdrahtetes:); **kurze, konkrete** Rechenoperationen
12. L = **Lernen** früher: immer nur eine Lösung. Modern (Japan): Rechenspiele mit vielen Lösungen (open end approach) = **explorativ** und entwickelt die Fähigkeiten weit besser als Pauken
13. M = **Mathe** = **schön**, aber die Schönheit bleibt den meisten verborgen weil sie nicht demonstrierbar ist (vgl. **Musik & Malerei**). **Multiplizieren**
14. N = **Neuronale** Disposition vorhanden!
15. O = **Ohne** (gezieltes) Training: angeboren/erworben (z.B. Affen im Insel-Experiment)

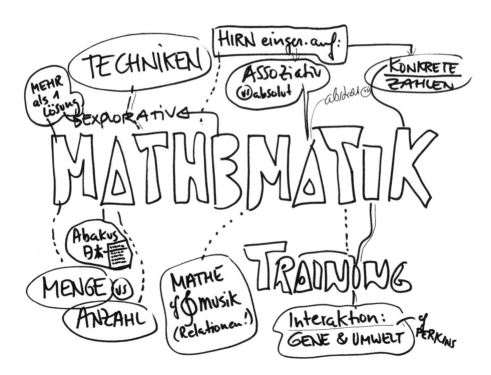

16. **P** = **Phrenologie**: GALL & SPURZHEIM): erster Versuch konkrete Module im Gehirn zu lokalisieren
17. **Q** = **Qualität**: Genie – warum denken wir sofort an EINSTEIN, weniger an MICHELANGELO? Weil Mathe so schwierig wirkt (vfb: schwierig = wenig/keine Fäden im Netz)
18. **R** = **Repertoire** durch Training
19. **S** = **Soroban** (japanisch Abakus); **subtrahieren**
20. **T** = **Training**: wichtigster Faktor
21. **U** = **Umwelt** (vs. Genetik): 13jährige EINSTEINs und deren Onkel Jakobs (die mit dem Kind ausgiebige Gespräche über Geometrie und Philosophie führen)
22. **V** = **Verletzungen** im Gehirn lösen unterschiedliche Probleme bei Mathe aus
23. **W** = **Wer** 3 x 6 nicht rechnen kann, hat kein Rechen-, sondern ein Gedächtnisproblem. Ob man rechnen kann, zeigt sich an Subtraktions-Aufgaben.
24. **X** = $x^2 + y^2 = z^2$ (FERMATs letzter Satz; Auflösung nach 300 Jahren durch WILEY)
25. Y = Y
26. **Z** = **Zwei** zentrale Fragen zum Zahlensinn:
    1. Spontanhandlungen bei Tieren (in freier Wildbahn)?
    2. Was läßt sich durch Training erreichen?

Zum Schluß einige Spiel-Variationen

Wollen wir zum Schluß zusammenfassen, wie wir vorgehen können, um ganz locker, leicht, ja **spielerisch**, neues **Wissen** zu **erwerben**, bzw. vorhandenes Wissen zu **erweitern** oder zu **vertiefen**.

Spiel-Regeln für eine Person
(Basis Wissens-Spiel)

Alles, was wir hier für das Fernsehen sagen, kann man genauso gut auch beim Hören (Radio, Kassette etc.) oder beim Lesen vollziehen!

1. **Info aufnehmen** (sehen/hören/lesen) und parallel **erste Stichwörter** in ein **ABC** einzutragen beginnen.
2. **Am Ende** der Sendung (eines Abschnitts, Kapitels, etc.) **Lücken im ABC füllen** (wobei wir im Schnitt mit 20 Buchstabenbelegungen zufrieden sein können). Das kann im Einzelfall zehn Assoziationen bedeuten, aber auch weit mehr. Dies ist abhängig davon, wie es heute „fließt" und wieviel Lust wir haben, noch am Thema zu bleiben. Achtung! Spielend vorgehen heißt hier auch „zwanglos".
3. **Im Anschluß** entscheiden wir, ob wir ein (oder mehrere) **KaWa©**(.s) anlegen wollen. Dies kann unmittelbar nach dem Aufnehmen sein, oder ein bis zwei Tage später (was uns nicht daran hindert, auch viel später ein KaWa© anzulegen, wenn wir Lust darauf haben).

Vier Variationen für mehr als eine Person

1. Spiel-Regeln für zwei bis drei Personen
(Vergleichs-Spiel)

1. Zuerst wie „Spiel-Regeln für eine Person" – jeder für sich.
2. Vergleich und gegenseitiger Austausch von Infos (hier können sich entwickelnde Diskussionen als spannend erweisen und zeigen, wie hervorragend man im Gespräch Wissen erweitern/vertiefen kann!

2. Spiel-Regeln für kleine Gruppen (Vortrags-Variante)

1. Zuerst wie „Spiel-Regeln für eine Person" – allerdings: Wenn das Ziel vor allem das Vortragen der erhaltenen Infos ist, kann die Vorbereitung auch vor dem Gruppen-Treffen stattfinden, so daß wir mit Schritt 2 beginnen.
2. Anhand der wenigen Notizen (ABC, KaWa.s© oder das ein oder andere Blatt mit „Fußnoten") tragen wir unser neu erworbenes (oder neu erweitertes) Wissen den anderen Mitspielern vor.

Je nach der Größe der Gruppe kann man diverse Spiele spielen, wobei es Ihnen frei steht, weitere zu erfinden.

Wenn Sie zusätzliche Varianten entwikkeln, würde ich mich freuen, wenn Sie uns diese mitteilen (www.birkenbihl.de, Wandzeitung). Danke!

3. Quiz-Sendung

Je zwei oder drei Personen erarbeiten dasselbe Material und tauschen sich dann aus. Nach dem **Vergleich**, der **Diskussion,** begibt man sich auf eine etwaige weitere **Suche**, um Lücken zu füllen, die bei der Diskussion aufgetaucht sind (hier werden dann Lexika konsultiert, man sucht im Internet, befragt Leute, die mehr wissen etc.). Hier kommt „Jäger, Abenteurer, Explorer sein" voll ins Spiel.

Anschließend bereitet dieses Team eine Quiz-Sendung zum Inhalt vor. In diesem Zusammenhang interessiert Sie vielleicht auch meine Variation eines **wirklich intelligenten Quiz-Spiels** (in meinem Büchlein: *Intelligente Party-Spiele*). Der Unterschied besteht darin, daß wir jetzt mit eigenem Wissen spielen, auch mit frisch erworbenem – also eine Art des „Hausaufgabenmachens" alten Stils durch exploratives Selberherausfinden zu ersetzen. Macht viel mehr Spaß und bringt weit mehr.

Vgl. Videovortrag: Von nix kommt nix, strategische Variation Nr. 4; Überblick über die 10 Strategischen Ansätze in Merkblatt Nr. 3, S. 118)

4. Vorträge mit Video-Vergleich

In diesem Gruppenspiel beginnen auch alle mit derselben Ausgangs-Info – schauen also z.b. dieselbe Wissens-Kassette an. Das sind Videos, die wir **auf Vorrat mitschneiden** – für Zeiten, in denen wir gucken wollen (vgl. *Stroh im Kopf?*, ab 36. Auflage). Ob Sie das gleichzeitig tun oder um Runde 2 vorzubereiten (z.b. indem die Wissens-Video von einem zum anderen „wandert"), spielt keine Rolle. Am Ende der Eingangsrunde haben alle ihre Wissens-ABC.s (plus/minus KaWa.s© und vielleicht einige Notizen) vorzuweisen.

Nun wird eine Video-Kamera eingerichtet und jeder trägt seine Ergebnisse vor. Somit verbinden wir hier die Wissens-Spiel-Idee mit Rhetorik-Training.

Nun gibt es zwei Unter-Varianten:
1. Alle sehen zu. Die einzelnen SpielerInnen werden (z.B. per Losentscheid) vor die Kamera geholt, hören also was die MitstreiterInnen sagen.
2. Man spricht bei den Mini-Referaten ein anderes Publikum an (z.B. eine parallele Spielgruppe), damit die Vortragenden nicht hören, was die MitstreiterInnen erzählen. Hier hört man die anderen erst später beim Ansehen der Aufzeichnung.

Beide Variationen haben ihren Reiz. Die mit der Parallel-Gruppe eignet sich besonders, wenn man von Anfang an eine relativ große Gruppe hat, die man teilt, wobei jede mit einem anderen Thema spielt bzw. das Hauptthema in zwei Unterthemen unterteilt wird (wenn z.B. **Schulstoff gespielt** werden soll).

Anschließend betrachtet man diese Video-Aufzeichnungen an einem Stück und vergleicht. Dabei können alle MitspielerInnen selbstverständlich Ihre Wissens-ABC.s „auffüllen", neue KaWa.s© anlegen etc.

tolles Rhetorik-Training als Neben-Effekt

Am Ende wird man feststellen, wieviel das Thema durch diesen Vergleich „gewonnen" hat! Die Präsentationen haben **gemeinsame** Nenner (es war ja dieselbe Ausgangs-Info), sind aber durch **unterschiedliche** „Filter" gewandert. Alle MitspielerInnen hatten ihre Erfahrungen, Erwartungen, Prioritäten ins Spiel gebracht, daher wird jeder Bericht ein wenig anders sein.

Viel Spaß wünsche ich Ihnen in der Zukunft, wenn es gilt, mit Wissen zu spielen!

Nun haben wir mit **Namen** und mit **Begriffen** (Themen) gespielt, wenden wir uns nun dem **dritten** Ansatz in diesem Büchlein zu: einer anderen Form von Wissens-Spiel ...

Stellen Sie sich vor, man würde mit Schulwissen so verfahren, ob nun Geschichte, Literatur, Sozialkunde, Philosophie oder sogar Naturwissenschaften – es ist dies ein immens spannendes Spiel, bei dem wir weit mehr lernen als bei herkömmlichem Lesen und Pauken!

Modul 4   Quiz-(Fragen-)Spiele

Team-arbeit beim LERNEN? Ja!!!

Nehmen wir an, wir müßten für eine Geschichts-Prüfung 40 Seiten im Textbuch lernen. Nehmen wir desweiteren an, wir hätten bisher noch „absolut nichts" getan, d.h. im Unterricht haben wir mit dem Sitznachbarn lieber Schiffe versenkt (weil der Lehrer so langweilig ist), und nur nebenbei ein wenig zugehört. Im Klartext: Wir müssen fast bei Null beginnen. Nun können wir krampfhaft zu büffeln versuchen, oder aber gehirn-gerecht und spielerisch den folgenden „Schlachtplan" durchführen: Wir tun uns mit drei anderen zusammen und bilden ein Vierer-Team. Nun machen wir jeden im Team verantwortlich für ca. ein Viertel des Lernstoffes. Jeder von uns wird also ca. 10 Textseiten aktiv vorbereiten, für den Rest sind die anderen ja da! Klingt das schon mal ganz nett? Nun, es ist wirklich eine „heiße Kiste": Jeder von uns wird für seinen Teil den Quiz-Master „geben" und bei den anderen drei Teilen als TeilnehmerIn einfach mitspielen.

Wenn ich also die **Dritte** im Bunde bin, dann werde ich den dritten Lern-Teil als Quiz (oder Prüfung) vorbereiten. Nun Sie ahnen es schon:

Jeder bereitet in „seinem" Verantwortungs-Bereich **Fragen** für das Quiz (die Prüfung) vor und ist beim Zusammentreffen mit dem Team Quiz-Master für seinen Bereich verantwortlich, ansonsten spielt man in den anderen drei Bereichen nur mit, wenn die anderen ihr/e Quiz/Prüfung „geben".

Zwar fand ich mein Studium von Psychologie und Journalismus meist sehr interessant, aber es gab doch einige Aspekte, auf die ich Null Bock hatte (z.B. die damals übliche doppelte Nomenklatur der Psychopathologie oder gewisse Details in Genetik).

Ich habe diese Technik übrigens während meines Studiums Ende der 1960er Jahre (in den USA) aus der großen Not heraus erfunden, als es galt, einige wenige „ekelhafte" Themen zu meistern. Ich fragte mich, ob man „so was" (= klassischen Pauk-Stoff) möglichst schmerzlos „lernen" könne und erfand diese Technik; nach dem Motto: Jeder muß sich nur mit einem Viertel des Stoffes aktiv auseinandersetzen, der Rest ist Quiz-Spiel.

Warum sollte man nur immer im Fernsehen Quiz sehen, das könnte man doch selber auch organisieren, dann kommen die Fragen eben aus dem Lernstoff statt aus einem schlauen Quiz-Fragen-Buch!

Nun, ich habe vor kurzem den Beweis erbracht, indem ich die Technik im zweiten Abend-Seminar der Trilogie 2003 (in Karlsfeld) „vorführte". Ich wählte ein normalerweise als „langweilig" geltendes Gebiet, nämlich die Art von Hintergrund-Infos zum zweiten USA-Irak-Krieg, also die Art von Info, die später einmal zur Geschichte gehören wird. Wir gehen natürlich immer vom „worst case" aus, d.h. davon, daß die MitspielerInnen (wie auch Sie jetzt gleich) vorab überhaupt nichts gelernt haben. Aber es klappt sogar, wenn jemand heroisch den Quiz-Master „macht" und mit anderen das Spiel spielt, die selbst nichts beitragen (wie die TeilnehmerInnen im Seminar, mit denen ich das Quiz-Spiel ja auch ohne Vorbereitung spiele. Diese TeilnehmerInnen haben ja selbst nichts vorbereitet, weil sie ja gar nicht wußten, welches Thema wir spielen würden – im Gegensatz zu der Situation, in der einige Personen sich einen konkreten Prüfungsstoff fair aufteilen und jeder für die anderen Mitspieler das Quiz vorbereitet, so daß wir nur für einen Teil verantwortlich sind. Aber es gibt genügend Möglichkeiten, daß eine Person als Quiz-Master anderen hilft, Infos zu bewältigen, z.B. Lehrkräfte (statt Vorträge zu halten), Kollegen (in Meetings), KundenberaterInnen, Eltern etc.

Jemand, der gewohnt ist, Stoff „vorzutragen", wird im ersten Ansatz kaum glauben wollen, daß es auch anders geht, aber wer es einmal ausprobiert, wird verblüfft feststellen: Es geht. Ich behaupte also allen Ernstes: Selbst **wenn alle MitspielerInnen absolut nichts von der Sache wissen**, wenn Sie (als Quiz-Master) das Quiz-(Prüfungs-)Spiel wie nachfolgend beschrieben durchziehen, werden die Leute hinterher Basis-Kenntnisse erworben haben. Im Falle einer drohenden Prüfung kön-

Zwar hatte ich die Technik schon hier und da publiziert, mußte aber feststellen, daß viele Menschen einfach nicht glauben konnten, daß sie funktioniert, weil sie nicht glauben wollten, daß Lernen so einfach sein kann.

Damit die Beteiligten sich im nachhinein überzeugen konnten, daß man keine „exotischen" Quellen anzapfen muß, löste ich die Fakten aus dem *Spiegel* und dem *Stern* der Woche VOR dem Abend-Seminar; zwei Quellen, die viele Anwesende eigentlich gelesen hatten. Aus den ausgesuchten Fakten „bastelte" ich ein Quiz. Wir Anwesenden stellten (teilweise völlig überrascht) fest, wie phänomenal es funktioniert.

nen Ihre MitspielerInnen keinesfalls eine schlechtere Note als eine Drei erhalten. Vielleicht schaffen sie sogar eine Zwei (in der Schweiz: eine Vier), aber schlechter als „Mittelmaß" ist unmöglich. Und das, wiewohl Sie nur ein Quiz-Spiel mit diesen Menschen gespielt und diese offiziell nichts gelernt haben. So können sogar Eltern ihre Kinder durch den Stoff „spielen", ohne daß die Kinder im klassischen Sinne lernen müssen. Im Klartext:

> Der **Nutzen** ist auch für „Nur-SpielerInnen", die den **Lernstoff überhaupt nicht** kennen, enorm hoch, weil die Technik auch für Nur-SpielerInnen ausgezeichnet funktioniert.

Für Quiz-Master, die einen Teil des Lernstoffes zum Quiz „umgestalten" und ihren Teil als Quiz-Master anbieten, gilt: **Je geübter Sie in der „Kunst & Wissenschaft des Fragestellens"** (nach POSTMAN) **sind, desto leichter fällt es Ihnen.**

Ich gebe Ihnen nun alles, was Sie benötigen, um das Spiel **lesend** zu erfahren. Da es aber zum **Hören** entwickelt wurde, wäre es optimal, wenn Sie den folgenden Test mit mindestens einer anderen Person **zusammen** durchgehen, indem eine/r von Ihnen (als Quiz-Master) meine Rolle einnimmt und die Fragen vorliest während der/die andere antwortet. Dies kann man natürlich auch am Telefon durchführen.

Das Quiz – Runde 1: Wissen oder nicht-wissen ...?

Bei WN (für „**weiß nicht**") haben Sie natürlich 100 % Sicherheit, daß Sie es nicht wissen – das ist ja auch schon was.

Notieren Sie bitte erstens die **Nummer der Frage** und zweitens **Ihre Antwort** (als Stichwort). Wenn Sie nichts wissen (die Fragen wurden bewußt so gehalten, daß es eine gewisse Chance dafür gibt), dann notieren Sie „WN" (für „weiß nicht"). Drittens notieren Sie, **wie sicher Sie sind**, also eine **Prozentzahl**. Wenn Sie im Fernsehen beim „Millionärs"-Quiz den Telefon-Joker erlebt haben, fragt der Kandidat oft: „Wie sicher bist Du?

50%, 80%?" So machen wir es auch, deshalb schreiben Sie neben Ihre Stichworte (bzw. „WN"), wie sicher Sie sind. Beispiel:

Frage 1 – Welcher Religion gehört der Vize von Saddam HUSSEIN, Tariq ASSIZ, an?
Frage 2 – An welchem Datum brach der Krieg 2003 aus?

Nr.	Stichwort/Antwort	Wie sicher?
1.	Christlich (der einzige Christ in HUSSEINs Kabinett)	80 %
2.	WN	100 %

So, jetzt geht es los. Sie sind dran. Bitte bedenken Sie, bei der hier folgenden Technik gilt die alte Regel: Es gibt nur ein einziges erstes Mal. Wenn Sie das Bahnbrechende wirklich erleben wollen, dann entscheiden Sie jetzt, ob Sie lesend aktiv mitarbeiten oder es mit jemand (z.B. am Telefon) durchführen wollen, **ehe** Sie weiterlesen. Sie haben die Chance auf ein großartiges Erlebnis!

Frage Nr. 1 – Warum wurden die irakischen Lkw's in **Nordirak** auf dem Weg nach Kirkuk ständig **neu lackiert**?

Frage Nr. 2 – 160.000 Kurden wurden aus **einer Stadt, deren Name zu erraten ist**, vertrieben und stattdessen wurden dort andere arabische Familien angesiedelt. Wie heißt die Stadt?

Frage Nr. 3 – Warum lebt der **Bürgermeister von Kirkuk** in Arbil?

Frage Nr. 4 – Wo liegt **Arbil**?

Frage Nr. 5 – Wir hatten ja in in der Afghanistan-Situation vor einiger Zeit eine Nord-Front. Wenn Sie sich vielleicht erinnern, wir hatten im Irak-Krieg auch eine Nord-Front. Frage: **Was meinte man in diesem Krieg, wenn man von der Nord-Front sprach?**

Frage Nr. 6 – Warum sind alle so scharf auf diese **Stadt Kirkuk**? Warum ist sie so wichtig?

Frage Nr. 7 – Die Palästinenser-Gruppe Hamas spricht ja von einem Heiligen Krieg gegen den Kreuzzug von BUSH. **Wie kommen die auf Kreuzzug?** Wieso sprechen sie von einem heiligen Krieg gegen den Kreuzzug von BUSH?

Frage Nr. 8 – Wie kann die Hamas ihre **Selbstmordattentate** finanzieren? Woher hat sie in der Vergangenheit das Geld bekommen?

Frage Nr. 9 – Jetzt betrachten wir einmal die Kriegstoten der Koalitionssoldaten im **ersten** US-Irak-Krieg, also 1991. Damals war die **Koalition der Willigen** ja noch etwas stärker, also ... Wieviel Prozent der Kriegstoten unter den Koalitons-Soldaten sind durch „**friendly fire**" gestorben (d.h. von den **eigenen** Leuten erschossen oder zerbombt worden)?

Begriffs-Erklärung: Wenn das Militär ein Eigentor schießt, dann heißt das „friendly fire" (freundliches Feuer). Bringen Militärs jedoch Zivilisten um, dann spricht man von Kolateralschäden.

Das Quiz – Runde 2:
Antworten prüfen oder ergänzen?

Frage Nr. 1 – (Warum wurden die irakischen Lkw's im Nordirak auf dem Weg nach Kirkuk ständig neu lackiert?) **Antwort**: Man wollte mehr Material vortäuschen als man hatte. Wenn ein Lkw z.B. dunkelgrün-oliv nach Kirkuk hineinfährt und als rotgespritzter LKW herauskommt, dann scheint es ja ein anderer zu sein: Farbe ist billiger als Lkw's ...

Frage Nr. 2 – (Aus welcher Stadt wurden 160.000 Kurden vertrieben und Araber angesiedelt?) **Antwort**: Die Stadt heißt Kirkuk.

Frage Nr. 3 – (Warum lebt der Bürgermeister von Kirkuk in Arbil?) **Antwort**: Weil auch er zu den Vertriebenen gehört, deshalb! Übrigens war er es, der herausfand, daß die Irakis ständig ihre Lkw's umspritzten, aber er sagte: „Das wird ihnen nichts nützen."

Frage Nr. 4 – (Wo liegt Arbil?) **Antwort**: Ebenfalls im Nord-Irak (wo auch Kirkuk liegt, erinnern Sie sich?), aber Arbil liegt **innerhalb** der sogenannten autonomen kurdischen Zone, während Kirkuk im Wortsinn ein Grenzfall ist. Die Kurden konnten es nicht **in ihre Zone einklammern.**

Frage Nr. 5 – (Was ist die Nord-Front?) **Antwort**: Das sind die Kurden im Norden Iraks. Sie wollen Kirkuk wiederhaben und darum haben sie sich mit den Amerikanern verbündet. Sie planten, nach der Einnahme von Kirkuk gleich dort zu bleiben. Was ihnen aber nicht erlaubt wurde ...

Frage Nr. 6 – (Warum sind alle so scharf auf Kirkuk?) **Antwort**: Dort ist das Öl! Es gibt auch Felder im Süd-Irak aber Kirkuk ist extrem wichtig für alle! Sie wissen natürlich, daß es angeblich **nicht** ums Öl geht ... Es wird immer elegant um Kirkuk herumgeredet, damit es nicht auffällt. Neulich sagte ein irakischer Gesprächspartner in einer Fernsehshow: „Wissen Sie, das ist schon traurig, wenn man bei uns Weißkohl gefunden hätte, wie friedlich hätten wir leben können, aber nein, man mußte ja Öl finden ..."

Frage Nr. 7 – (Warum sagt die Hamas, sie müsse einen Heiligen Krieg gegen den Kreuzzug von BUSH führen?) **Antwort**: In den ersten Tagen nach dem 11. September hatte BUSH damit begonnen. Er redete von seinem Kreuzzug gegen islamische Terroristen, ohne zu wissen, daß ein Kreuzzug immer ein Glaubenskrieg ist. Wen wundert es, wenn diese Leute sagen: Natürlich, auf seinen Kreuzzug werden auch sie mit einem Glaubenskrieg reagieren. Die Berater vom BUSH sagten: „Um Gottes Willen, Mr Präsident, halten Sie die Klappe, das dürfen Sie nicht sagen!" Er hat es auch nie wieder gesagt, aber da war es zu spät. Es war ja schon hinausgeschrien (von wegen globales Dorf) über CNN, Abu Dhabi, al-Jazeera und wie sie alle heißen. BUSHs Drohung war sofort bekannt in der gesamten arabischen Welt, da brauchte er nichts zu wiederholen, so kam es zur Antwort aus dem islamischen Lager. Das erfahren wir im Westen natürlich nur, wenn wir uns wirklich informieren (wir als mündige Bürger müssen uns kümmern). In normalen Nachrichten-Sendungen erfahren wir nichts dergleichen ... Da spricht man nur von diesen schlimmen Terroristen, die angeblich von sich aus zum Heiligen Krieg aufgerufen hatten – den es übrigens im Koran gar nicht als Angriffskrieg gibt. Der Koran sagt, er darf (muß sogar) den eigenen Glauben mit dem Schwert verteidigen, **wenn er angegriffen wird**. Und BUSH hatte zum Angriff gepfiffen ...

Frage Nr. 8 – (Woher hat die Hamas das Geld für die Selbstmordattentate?) **Antwort**: Saddam HUSSEIN hat das finanziert. Wenn ein Selbstmord-Attentäter gestorben ist, dann gab es für seine Familie 3500 US-Dollar, noch in der ersten Kriegswoche wurde ausgezahlt. Wenn ein Attentäter nur verletzt (oder verhaftet) wurde, gab es weniger, das Minimum war 1000 US-Dollar für irgendeinen Anschlag. Jetzt überlegen Sie, was das bedeutet: In einer Gegend, in der bis zu 80% arbeitslos sind, wo Menschen leben, die nicht mehr nach Israel zum Arbeiten fahren können, deren Läden man zerbombt hat. In einer Gegend, in der der Familienvater traditionell Familienunterhalter ist, ein Vater, der jetzt nutzlos in der Moschee oder im Café mit anderen herumhockt und nichts tun kann. Da ist es doch verlockend für einen 18jährigen, der spätestens in diesem Alter beginnen würde, ernsthaft für seine Familie Geld zu verdienen, einen solchen Weg zu gehen, denn es gibt nichts – außer Hoffnungslosigkeit. Und die Situation wurde in den letzten **50 Jahren** (also in mehr als zwei Generationen) **stetig schlimmer**. Was hindert ihn daran, zu sagen: „Wenn ich das tue, bekommt die Familie wenigstens das Geld, da können meine geliebten Familienmitglieder eine Weile davon leben." – Warum können die Israelis das nicht verstehen: Wenn ich den Leuten **alles nehme**, dann brauche ich mich nicht wundern, wenn sie bereit sind **alles zu geben** ...

Frage Nr. 9 – (Wieviel Prozent der Kriegstoten im **letzten** Golf-USA-Krieg [1991] starben durch „**friendly fire**"?) **Antwort**: Die Minimum-Schätzung lautet: 25%. Aber viele Fachleute sprechen von einem Drittel (das sind rund 33%). Man könnte mal tiefer darüber nachdenken, was das eigentlich bedeutet. Vor allem, wenn wir die „Kollateralschäden" (also die toten Zivilisten hinzuzählen).

Nutzen Sie die Sommertage für einige spannende Quiz-Runden, bei denen verschiedene Quiz-Master den anderen ihre Lieblingsthemen näherbringen ...

Haben Sie es erraten oder gewußt? Gratuliere.

Das Quiz – Runde 3:
Faszinierend, was Sie (jetzt) alles wissen!

Gehen Sie jetzt das Quiz ein letztes Mal durch (wiederholen Sie Runde 1 (S. 96ff.), weil Sie ja **nun die (meisten) Antworten bereits wissen**. Nur im „Notfall" sehen Sie bei Runde 2 in den Antworten nach.

Jetzt wissen Sie zwar einiges, aber wie lange werden Sie die Antworten behalten? Nun, das können Sie selbst sehr gut abschätzen – das Begreifen der Antwort ist nur **eine** von zwei Bedingungen, auf daß die Info permanent gespeichert werden kann. Die zweite Bedingung lautet, daß man die Infos **zusammen** merken muß, mit anderen Infos im Verbund (seien dies nun alte Infos oder neue). Um Ihnen diesen Effekt vorzuführen, bot ich Ihnen jeweils einige Ergänzungen zu den **nackten** Antworten an. Dieses **Hintergrund-Wissen** macht permanentes Merken möglich. Oder:

> **Je weniger jemand vorher wußte, desto mehr Hintergrund-Infos sind hilfreich, um das Neue langfristig merken (also lernen) zu können.**

Das aber bedeutet, daß das Wissens-Quiz im Hinblick auf Unterricht, Unterweisung oder Erklärungen aller Art besonders effizient wird, wenn außer dem Quiz noch Infos angeboten werden! Das macht den Quiz-Effekt© um so wahrscheinlicher.

Diese **Hintergrund-Info** kann vor der zweiten oder dritten Runde, sogar nach der dritten Runde gegeben werden, sollte aber dem Quiz **nicht vorausgehen**. Und genau das macht die **Schule** normalerweise.

> Die Schule bietet in der Regel zuerst **Aussagen**, die das Denken schließen (statt Fragen, die das Denken öffnen). Oft lernen wir erst bei der Prüfung **hinterher** Fragen zum Stoff kennen.

Warum **Aussagen** das Denken lähmen, beschrieb ich in meinem Buch *Das innere Archiv*. Hier nur kurz: Wenn ich sage: „Der Elefant hat vier Beine", was können Sie jetzt denken? Nicht viel. Sage ich aber: „Normalerweise haben Elefanten vier Beine ..." und benütze eine sogenannte „weiche" Formulierung (nach der Harvard-Professorin Ellen J. LANGER), dann beginnen Ihre Gedanken zu wirbeln. **Fragen** haben dieselbe Funktion, auch sie öffnen den Geist und lösen etwas aus.

Quiz vor Tests

Fragen stellen ist Teil des Lern- prozesses

Diese Fragen haben natürlich selten **Spiel**-Charakter, nur **unser** eigenes Quiz-**Spiel** (als Vorbereitung auf Unterricht oder Prüfung) lassen uns SPIEL-end Wissen erwerben, nach dem Motto: *Trotz Schule lernen!*

Daraus lernen wir noch etwas Wichtiges: **Clevere LernerInnen** können Themen, die in Unterricht oder Ausbildung demnächst „drankommen" sollen, durch ein **Vor-Spiel** im Sinne von ABC-Listen und KaWa.s© vorbereiten (vgl. S. 50ff.). Oder aber **sie spielen bereits vor dem Unterricht ein Quiz-SPIEL**. Hierzu verändert sich die normale (langweilige) Reihenfolge zu einer, die der Arbeitsweise des Gehirns entspricht:

Erst die Fragen (auch stellen lernen und benutzen, im Quiz SPIELen), **dann die Aussagen** (der Lehrkraft, im Lehrbuch etc.).

Der Quiz-Effekt© – Wissens-Erwerb ohne zu „lernen"!

Kurz nach der Präsentation an der TU in München ergab sich mit einem ausländischen Kunden die neue Bezeichnung: Non-Learning Learning Strategien©. Mehr dazu im Merkblatt Nr. 3, S. 118

In meinem Video-Vortrag *Von nix kommt nix* stellte ich erstmals zehn **Strategien** vor, mittels derer wir lernen, **ohne** (im herkömmlichen Sinne) „gelernt" zu haben (Strategie Nr. 8 = **Fragen** stellen & **Quiz**-SPIELE). Es geht um die Fähigkeit, aus Informationen (Daten, Fakten, Lernstoff etc.) **Fragen zu „basteln"** (herzuleiten), zum anderen natürlich um den verblüffenden **Quiz-Effekt©** für die SpielerInnen.

Eine Frage, die SpielerInnen jetzt gerne stellen lautet: „Warum lerne ich weit weniger, wenn ich eine **Quiz-Sendung im Fernsehen** sehe?" Oder: „Ich habe Quiz-Sendungen mitgeschnitten, um mich später zu testen, mußte aber feststellen, daß ich einige Tage (Wochen) später so gut wie alles, was ich **ursprünglich nicht** wußte, **wieder nicht** wußte. **Warum?**" Nun, eine TV-Quiz-Sendung kann den Quiz-Effekt genauso wenig auslösen, wie normales passives Zusehen (bei informativen TV-Magazin- oder lehrreichen TV-Dokumentar-Sendungen) zum langfristigen Be-HALTEN führt. Wir sahen ja schon, daß eine **kleine Verhaltens-Veränderung** (nämlich das Anlegen von ABC-Listen und/oder KaWa.s© **während** des Fernsehens oder Lesens) **dramatische Unterschiede** bewirkt (vgl. S. 50). Wenn Sie auf der Suche **nach** „passenden" Begriffen" zuhören (Lesen), aktivieren Sie eine **innere Frage-Haltung** (Welcher Begriff „paßt"?). So aber lösen Sie immer eine Art kleinen Quiz-Effekt© aus, denn:

- **FRAGEN** lösen den Antwort-Reflex aus (und bewirken, daß wir aufmerken!).
- **FRAGEN öffnen** den Geist und machen uns **AUF**-merksam. Dadurch aktivieren sie **ASSOZIATIVES** Denken.
- **FRAGEN** machen uns auf-**MERK**-sam: Antworten auf eine Frage in unserem Kopf werden **MERK**-bar, wenn andere Bedingungen günstig sind, z.B. daß wir die Antwort begreifen.
- **ANTWORTEN** auf Fragen führen nur dann zu einem sofortigen MERK-Effekt, wenn eine **Doppel-Bedingung** erfüllt wird: Wir müssen die Antworten **begreifen** und **in** (mehr) **Wissen** „einbetten" können.

Ich wiederhole: Dies kann sowohl bereits vorhandenes (altes) Wissen sein als auch neues Wissen in Form von **mehr** Informationen, die jetzt **zur Antwort angeboten** werden (z.B. Unterricht oder Erklärungen). Diese neue Info kann nach der ersten, zweiten oder dritten Spiel-Runde erfolgen. Jetzt dürfte ersichtlich werden, warum die **Antworten zu Quiz-Sendungs-Fragen genau so schwer zu merken sind**, wie viele Informationen in der Schule.

Isolierte Daten und Fakten können leider nicht gemerkt werden.

Einen kurzen Überblick der Methode finden Sie auf www.birkenbihl.de (im Bereich „birkenbihl- INTERNATIONAL" auch in Englisch, weitere Sprachen werden folgen).

Das ist nur **einer** von **mehreren** Gründen, warum bei der Birkenbihl-Methode zum Fremdsprachen lernen das Pauken von isolierten Vokabeln **verboten** ist.

Da Quiz-Fragen in TV-Quiz-Sendungen fast immer ohne weitere Erklärungen dargeboten werden, wird oft nur die **erste** Bedingung (begreifen) erfüllt, nicht aber die zweite (ins Wissens-Netz integrieren). Ganz wie in der **Schule** oder beim **passiven Fernsehen** (von Dokumentar-Sendungen): Wir hören (oder lesen), wir begreifen auch alles, aber wir können uns nur extrem wenig merken.

So könnte z.B. jemand, der noch niemals Geschichtsunterricht genossen hat und der keinerlei Geschichts-Bewußtsein entwickeln konnte, doch einige historische Daten in eine **Wissens-Insel** zu Märchen integrieren, denn auch Märchen bieten „Geschichten".

Ich habe eine Reihe von Studien durchgeführt und festgestellt: Die wenigen **gemerkten Informationen** (bei nackten Quiz-Antworten aus TV-Fernseh-Sendungen) waren dem Betroffenen entweder schon **vor** der Quiz-/Dokumentar-Sendung **bekannt** gewesen (oft „verschüttet" in den Katakomben des Unbewußten), oder aber sie „landeten" in einer vorhandenen (kleinen) Wissens-Insel und konnten dort integriert werden. Diese **Wissens-Insel** muß mit dem Thema nur marginal verbunden sein. Also gilt:

 Nur wenn die **Doppel-Bedingung** erfüllt wird, kann der erwünschte **Quiz-Effekt**© eintreten und SPIEL-erisches Lernen mit Langzeit-Merk-Fähigkeit „geschehen".

Die zweite Bedingung aber wird beim „aktiven" (geistvollen) Hören (Lesen) nach LANGER erfüllt, weil wir eine fragende innere Haltung einnehmen und beim richtigen Quiz, weil die Fragen gestellt werden.

Je klarer sich dieser **Quiz-Effekt**© zeigt, desto mehr wird dieses Spiel sie als Lern-Spiel überzeugen, wiewohl wir ja „nur spielen". In dem Frühjahr-Seminaren 2003, als ich diese Spiel-Variante in mehreren Seminaren (mit über 2.500 TeilnehmerInnen) vorgestellt habe, war die Begeisterung umso größer, je weniger die Menschen in der ersten Spiel-Runde vom Thema wußten.

Nun gilt für das Quiz (S. 97ff. **gemeint: Frage 1 bis 9**): Wenn Ihnen die Informationen unbekannt waren, hatten Sie die Chance, den **Quiz-Effekt©** **direkt zu erleben**. Je mehr Sie jedoch wußten, desto weniger Neues konnten Sie „erleben" und desto größer **könnten** Ihre Zweifel an der Macht dieser Quiz-Spiele sein. Deshalb habe ich in dieser „Saison" einige **Video-Seminare mit Quiz-Spielen** aufgezeichnet. Außerdem plazieren wir **im Internet weitere Quiz-Spiele als kostenlose ebooks** (diese sind genaugenommen elektronische Artikel, heißen aber „elektronisches Buch": e-book). Wir werden sie entweder direkt auf www.birkenbihl.de stellen oder mit direkter Sprung-Adresse plazieren, so daß Sie sie leicht (mit nur ein bis zwei Mausklicks). finden können. Dies hat zwei Gründe:

1. Ich möchte **allen „Insidern" möglichst viele Spiel-Möglichkeiten bieten**, denn viele Menschen finden das Erstellen eines Quiz zu einem Wissens-Gebiet (auf dem sie sich auskennen) leichter, nachdem sie einige Quiz-Spiele in der Spieler-Rolle erlebt haben.

2. **Wir planen weitere Wissens-Spiel-Bücher mit Wissens-Quiz-Spielen.** Dazu wollen wir **möglichst viele Menschen einladen, mitzumachen.** Die Bedingungen werden ebenfalls auf www.birkenbihl.de zu finden sein.

Insider sind z.B. LeserInnen meiner Bücher (und des monatlichen Birkenbihl-Coaching-Briefes) wie auch alle meinen VortragshörerInnen und Seminar-TeilnehmerInnen (bei offenen oder firmeninternen Veranstaltungen), aber auch alle Coaching-Klienten etc.

Wichtig ist, daß jedes eingereichte **Wissens-Quiz** neben **10 bis 15 Fragen** (für Runde 1 **ohne**, für Runde 2 **mit** Antworten) durch einige Zusatz-Informationen be-REICH-ert wird (zwei bis sechs Seiten), damit auch die zweite Bedingung erfüllt werden kann. Sollte Ihr Thema (das Sie uns vielleicht anbieten wollen) für eine/n SpielerIn **völlig neu** sein, reichen die nackten Fragen und Antworten für langfristiges Merken ja nicht aus.

Diese Quiz-Spiel-Bücher werden mindestens drei Vorteile bieten:
1. Alle LeserInnen können jederzeit ihr **Wissen erweitern**, indem sie ein für sie **ganz neues Thema** aufgreifen **oder** ein bekanntes Thema **vertiefen**. Das ist alleine (lesend und schreibend) möglich, zu zweit am Telefon oder zu mehreren als Gruppen-Quiz-Spiel.
2. **Pädagogen** und **didaktisch wirkende Menschen** (von **RegelschuI-LehrerInnen** über **AusbiIderInnen** in Industrie und Wirtschaft bis zu **KundenberaterInnen** mit erklärungsbedürftigen Produkten) können immer wieder sehen:
   - So kann man ein Thema starten.
   - So kann man „einsteigen".
   - So kann man Neulinge in ein Thema einführen.
   - So weckt man Interesse nach mehr (ein Teil des Quiz-Effektes©!).
3. Alle, die mitmachen, lernen **ein Thema durch Fragen zu „präsentieren"** (Frage-Technik statt Sage-Technik). Man kann absolut alles in Form von Fragen „rüberbringen" – aber nur, wenn man weiß, wie es geht! So schulen Quiz-Spiele u.a. auch die **Fähigkeit, Fragen zu stellen** (was in Schule und Ausbildung leider immer noch zu selten trainiert wird). Fragen zu einem Thema zu formulieren hilft oft, **völlig neue Aspekte** (an angeblich Bekanntem zu entdecken), allein weil man begonnen hat, es **fragend zu erforschen**.

Der letzte Punkt ist nicht nur für Lernende und Lehrende von Wichtigkeit, sondern für alle, die viel **kommunizieren** müssen: „Wer fragt, führt" – der Satz ist bekannt, aber die wenigsten sind im Fragen geübt. Ich habe Abertausende von Menschen in meinem „berühmten" Frage-Technik-Seminar geschult und die meisten Gruppen fühlten sich am Anfang gefordert (auch überfordert), wenn sie (oft erstmals) versuchen mußten, von Aussagen auf Fragen **umzuschalten**. Nun ist aber die Fähigkeit, Fragen zu stellen, das wichtigste Denk-Tool (Neil POSTMAN), das in Schule und Ausbildung trainiert werden sollte – sonst müssen wir es als Erwachsene lernen, wenn wir erfolgreich denken, entscheiden, Probleme lösen oder gar gut verhandeln wollen! Ich habe mich an anderer Stelle ausführlich (seit 30 Jahren) hierzu geäußert (s. Kasten).

> Vergleichen Sie das gleichzeitig erscheinende *Intelligente Rätsel-Spiele*, wie auch meine „Klassiker" zum Thema: *Fragen Sie sich zum Erfolg* (Audio-Kurs), *Fragetechnik schnell trainiert* sowie *Psycho-Logisch richtig verhandeln*. Im Video-Bereich gibt es sowohl ein Basis-Video-Seminar für alle als auch – exklusiv für Kunden des Instituts für gehirn-gerechtes Arbeiten – den Rest des Mitschnitt dieses Seminars. Der **allgemeine** Teil enthält nach etwas Basis-Kommunikation vor allem Rätsel-Spiele (hier geht es um die **LOGIK**) des Fragens. Der strategisch „raffinierte" Teil, die **PSYCHO-Logik** bleibt meinen Kunden vorbehalten.

Frage: Was ist wichtig bei der **Formulierung** von Fragen? Darf ich Sie einladen, ein KaWa© hierzu anzulegen?

FORMULIERUNG

Meine Lösung steht Kopf, damit Sie nicht beeinflußt werden:

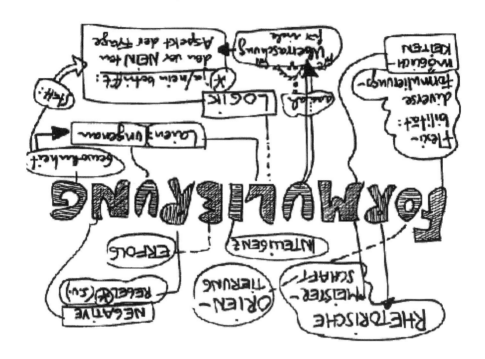

So finde ich z.B. wichtig, daß Laien lange Zeit **ungenaue** Fragen stellen, z.B. bei Rate-Stories: „War er alt?" (was ist „alt"??) oder: „War er groß?" (Nach welchem Maßstab, aus wessen Blickwinkel? Was für eine Ameise gigantisch ist, mag aus dem Blickwinkel einer Giraffe unsichtbar bleiben). Ebenso müssen wir, wenn wir **LOGIK** trainieren wollen, **negativ formulierte Fragen** anders beantworten, als der Laie es gewohnt ist. Auf die Frage: „Es ist also **kein** Unglück passiert?", müssen wir mit „Ja" antworten, wenn tatsächlich **kein** Unglück passiert ist (während Laien gerne „Nein" antworten). Das ist einer der Punkte, an denen wir geübte **Frage-Profis** schnell erkennen (z.B. Juristen).

Schon ein einfaches Frage-Training kann viele **Überraschungen** bieten (wie unter „U" angedeutet). Und unter „F" will ich ausdrücken: Wenn wir beginnen, das Fragenstellen rudimentär zu beherrschen, dann sollten wir lernen, zu einem Thema möglichst viele Fragen zu formulieren (absolutes Minimum 10, besser 100!).

Hier habe ich übrigens **kreativ geschummelt**, weil ich kein „A" hatte, um das „Aaaaah" (oder Aha!) festzuhalten. Sie kennen das „Schummeln" ja schon (S. 33).

Fazit

Mit der Wissens-Spiel-Variante des Quiz-Spiels können wir **sofort** mit **jedem** Thema (Lernstoff) unserer Wahl spielen!

Wer so einen Zyklus erlebt hat weiß, daß man im **dritten** Durchgang **fast alle Antworten geben kann!** Deshalb kann man kaum nachvollziehen, warum man in der Schule davon ausgeht (und unseren Kindern heute noch sagt), es ginge nur über das „normale" Lernen, Büffeln oder Pauken. Das wollte ich schon als Schülerin nicht glauben. Übrigens entwickelte ich alle meine gehirn-gerechten Ansätze, weil ich nicht glaubte, was man mir weiszumachen versuchte. Um nur zwei zu nennen:

1. Es hieß immer, man könne Sprachen nur lernen, indem man Vokabeln paukt (die Birkenbihl-Methode **verbietet** jedoch das Vokabel-Pauken). Oder:

2. Als ich einen Weg suchte, wie man beim Training der vier Grundrechnungsarten beim **Hinschreiben** der Lösung bereits wissen kann, ob sie stimmt (mein inzwischen berühmter Ball-im-Tor-Effekt©), wollten mir MathelehrerInnen und Mathematiker zehn Jahre lang einreden, es gäbe keinen. Aber ich fand ihn!

Hier gibt es ein Buch *(Sprachen lernen leicht gemacht)* oder ein gleichnamiges Hörspiel, wie es geht, plus Audio-Kurse und CD-Roms (PC und Mac) für diverse **Sprachen**. Bei Rechnen gibt es ein Video-Seminar sowie eine CD-Roms (PC und Mac).

Wenn es sich nun wirklich um **Lernstoff für eine Prüfung** handelt und Sie mehr als eine 3 schreiben wollen, dann empfiehlt es sich, das Quiz in einigen Tagen zu wiederholen. Ebenfalls kann man das erste Quiz-Spiel auf Kassette aufzeichnen

Wem die Note 3 reicht, dem reicht auch ein einziger Quiz-Nachmittag.

und mehrmals hören, z.B. auf Reisen, beim Joggen, in der Badewanne etc. Solche Zeiten nenne ich „Sparschweinchen-Zeiten" (das sind Zeiten, die bereits „verbucht" sind, z.B. weil wir sowieso im Stau stehen). Wir hatten gesagt, daß man mit einmaligem (intensiven aufmerksamen) Quiz-SPIEL-en mindestens eine mittlere Note schreiben wird, aber wenn Sie das Quiz mehrmals anhören oder kurz vor der Prüfung wiederholen, erhöhen Sie die Chance auf eine 2 (in der Schweiz auf eine 5) dramatisch.

Übrigens meinte eine Lehrerin, als sie diese Technik kennenlernte: „Dann müßte ich ja eigentlich in der Prüfung mindestens ein Drittel des Stoffs prüfen, indem ich den SchülerInnen die Möglichkeit gebe, **Fragen** zu formulieren." Das ist brillant.

Vorschlag

Verabreden Sie doch mit einigen FreundInnen, daß jede/r sein/ihr Lieblings-Thema in Form einer Quiz-Session nahebringt. Jeder präpariert also 10 bis 15 Fragen für die Gruppe und pro Session spielen Sie **eines** jener Quiz-Spiele als Auftakt für den gemeinsamen Nachmittag (Abend). Zum einen tun Sie etwas für Ihren Kopf, zum anderen kann so manches Thema auch wundervollen Gesprächsstoff für Diskussionen hinterher liefern (was das Thema noch weiter ver-TIEF-t, aber das ist dann die Sahne auf dem Quiz-Spiel-Kuchen. Wir spielen seit langem solche Spiele: **Es kann so viel Freude machen, wirklich SPIEL-erisch zu lernen.**

Übrigens: Wenn **Erwachsene** solche Spiele spielen, weil es Spaß macht, dann beweist ihr Beispiel den Jungen eine Menge, ohne daß sie „groß reden" müssen. Schließlich haben die jungen Leute mit akuten Lernproblemen Zuhause fast immer eine lernfeindliche Umgebung. Kein Wunder, wenn die Eltern einst in der Schule auch gelernt haben, daß man Wissen nur ein-PAUKEN und

BÜFFELN könne. Schade! Aber mit den neuen Wissens-Spielen in diesem Buch, inbesondere mit der Quiz-Variante, haben alle eine Chance, das Steuer so SPIEL-erisch herumzureißen, daß sie sich in einem Jahr kaum noch vorstellen können, wie sie früher Wochen, Monate oder gar Jahre (freiwillig) nichts Neues gelernt haben mögen.

Nein, Sie doch nicht! Aber auch Sie kennen „solche Leute", oder?

Denken Sie daran, uns Ihre schönsten Quiz-Spiele anzubieten (**www.birkenbihl.de**).

Viel Vergnügen!

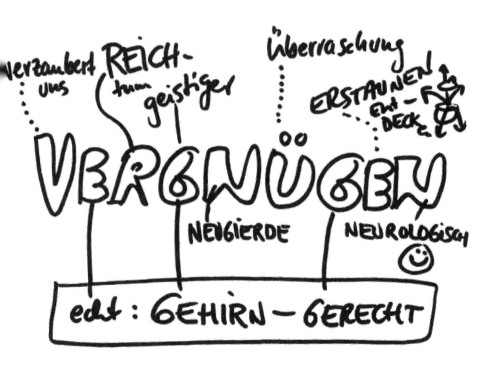

Merkblatt Nr. 1: Das Embargo-Experiment

Haben Sie vielleicht in Erwägung gezogen, einige Freund-Innen mitspielen zu lassen (per Fax oder E-Mail)? Das ist auch später noch möglich, denn solche Vergleiche be-REICH-ern uns ungemein.

Um Ihnen zu zeigen, wie extrem „anders" die Inhalte jedes Begriffes in den **Ideen-Blasen** (des KaWa.s©) für verschiedene Menschen sein können, lud ich Sie auf S. 48ff. zu einem spannenden kleinen Experiment ein. Haben Sie zu jeder Assoziation jeweils ein bis drei Sätze notiert, ehe Sie hier im Merkblatt nachsehen, wie ähnlich **Ihre** Assoziationen den Gedanken aus der Radio-Debatte sind?

A = ARBEITSLOSIGKEIT

Indem man durch das Embargo die Arbeitslosigkeit verstärkt, schwächt man eine ganze Nation, denn abgesehen von den finanziellen Nachteilen ist es für das Selbstwertgefühl der betroffenen Menschen (insbesondere der Familienväter eines traditionellen Landes, in dem Männer die „Ernährer" ihrer Familien sind) katastrophal. Wenn man z.B. bedenkt, daß der Irak eines der erfolgreichsten und vermögendsten arabischen Länder war ... Dabei machen die Länder, die das Embargo erzwingen, einen fatalen Fehler – übrigens den selben Fehler, den die Israelis mit den Palästinensern machen: Menschen, denen wir die Möglichkeit nehmen, sich selbst zu „erhalten", nehmen wir damit auch die Möglichkeit, sich „höher" zu entwickeln. Man vergleiche nur die MASLOW'sche Bedürfnis-Hierarchie oder, um mit BRECHT zu sprechen: „Erst kommt das Fressen, dann kommt die Moral!" Je härter der nackte Überlebenskampf und je weniger Stolz wir den Leuten lassen, desto schwächer wird ihr Selbstwertgefühl. Je schwächer aber ihr Selbstwertgefühl, desto anfälliger sind sie für Fatalismus, Fanatismus (vgl. Stichwort **R = Religion**) und Selbstmord-Attentate. Menschen, die nichts mehr zu verlieren haben, sind eher bereit alles zu geben.

B = BASIS FÜR ÜBERLEBEN: teuer

Wenn die Grundnahrungsmittel so teuer sind, daß die Armen ständig Hunger leiden, wird ein entsetzlicher Teufelkreis eingeleitet: Weil Unterernährung die Entwicklung der Intelligenz dramatisch behindert, bleiben mehr Leute auf einem „geringeren" Niveau (z.B. in puncto Denkfähigkeit) und dies wiederum verhindert, daß sich eine zukunftsfähige geistige Elite herausbildet – gerade im post-industriellen Zeitalter die einzige Eintrittskarte in die Welt „zivilisierter" Länder. Wenn man Länder unterdrücken und ihre zukünftige Entwicklung auf Generationen beschneiden will, dann ist das Embargo das beste Mittel. Bitte bedenken wir jedoch, daß mit dem Embargo angeblich ein einziger Mann (Beispiel Irak: Saddam Hussein) getroffen werden soll, während es das Volk (Privatpersonen!) auf Jahrzehnte ruiniert.

E = ENTSAGUNGEN UND ELEND

Einschränkungen treffen nur die Zivilbevölkerung – und das, nachdem die Länder, die das Embargo befürworten, sich durch Unterzeichnung der sogenannten Genfer Konvention dazu verpflichtet haben, keinen Krieg gegen Zivilpersonen zu führen.

G = GELD entwertet

Neben der Tatsache, daß im Inland alles teurer wird (was das Überleben der Zivilbevölkerung weiter bedroht), kann das Land auch im Ausland nicht mehr agieren. Damit aber gibt man den Herrschenden die Möglichkeit, alle Probleme auf die Embargo-Erzwinger zu schieben, so daß eine ganze Generation von Menschen heranwächst, die keine Chance hatte zu lernen, wie ein Land in den normalen wirtschaftlichen internationalen Wettbewerb „mitspielt"; also ein weiterer Aspekt, aus dem hervorgeht, wie die Bevölkerung auf Jahrzehnte hinaus geschädigt wird. Das ganze Land muß wegen eines Mannes leiden und das nennen sogenannte zivilisierte Nationen dann eine „zivile Maßnahme" (das Embargo). Unfaßbar! Wie lange es dauern kann, um sich von einem Embargo zu erholen, sehen wir z.B. an Südafrika. Embargos können nur kurzfristig (einige Monate lang) wirken, wenn (und nur wenn) das Embargo wichtige Prozesse verhindert, die kurzfristig notwendig sind, um zu verhindern, daß die herrschende Klasse leidet (aber diese kann in der Regel jedes Embargo umgehen).

M = MITTELKLASSE stirbt/tot

Der Reichtum eines Landes hängt an der Mittelklasse. Die reiche Elite schafft keinen (weiteren) Wohlstand (sie schwimmt ja wie die Sahne auf der Milch), und die Armen können sich ohne eine Mittelklasse, der sie zuarbeiten und in die sie hineinwachsen können, ebenfalls nicht entwickeln (da der Bodensatz sich nicht in Sahne verwandeln kann). Verschwindet aber der Mittelstand eines Landes, dann kann erstens das „alte Fett" nicht mehr oben schwimmen und sich zweitens kein weiteres mehr bilden. Deshalb ist das System dem Tode geweiht, denn bis die „alte Sahne" es merkt, ist sie zu alt, um selbst noch agieren zu können und es gibt zu wenig neue, die den Neuaufbau in Angriff nehmen könnte. So können Generationen vergehen, ehe ein Heilungsprozeß stattfindet (wenn nicht Bürgerkriege den Prozeß noch mehr in die Länge ziehen; Bürgerkriege, die oft Jahrzehnte oder Generationen andauern).

R = RELIGION

Es gibt offene und geschlossene Religionen: Je weltoffener ein Land wird (erkennbar daran, wie ungehindert die Wissenschaft sich außerhalb des Rahmens politisch opportuner Dogmen bewegen darf), desto offener wird auch die Religionsausübung. Und umgekehrt: Je verzweifelter die Lage der Menschen, desto offener werden sie für geschlossene (inkl. religiöser) Systeme und dann regieren Fundamentalismus (jeder Couleur!) bzw. Fanatismus.

O = OLYMPIADE verboten

Dieser Punkt mag vielen wie ein unwichtiges Detail erscheinen. Aber überlegen Sie einmal, wie viele Hunderttausende von jungen Leuten nicht an Ausscheidungswettbewerben teilnehmen können, auf daß einige Hunderte in die Endausscheidungen kommen, welche national übertragen werden und Hunderttausenden weiterer jungen Leute Ansporn und Ziele bieten können.

Gerade in „armen" Ländern kann Sport ein Instrument sein, Jugendlichen Leistungswerte zu geben, die sie befähigen, auch ihr Leben zu meistern. So sind z.B. Sport-Jugendprogramme äußerst erfolgreich, um jugendliche Kriminelle zu rehabilitieren bzw. Jugendliche in gewissen Gegenden davon abzuhalten, überhaupt erst kriminell zu werden; insbesondere dort, wo kriminelle Handlungen nicht so sehr das nackte Überlegen absichern (Mundraub), sondern in Gangs ausgeführt werden, um hier einen Status zu behaupten.

Ein olympisches Programm könnte in vielen Sportarten positive Impulse setzen, die ohne Teilnahme an den Spielen so gut wie gar nicht stattfinden. Desweiteren lernen junge Leute Teamgeist, gemeinsam an einem Strang zu ziehen, über längere Zeiträume zu denken und „am Ball zu bleiben" (auch angesichts kurzfristiger Trainingsprobleme) etc. – man verliert aber letztlich weit mehr, als die Teilnahme an der Olympiade.

Merkblatt Nr. 2: Stichwort „Gedächtnis"

Bezüglich „(Re-) KONSTRUKTION", vgl. *„Modul 1 – Mit Namen spielen", S. 16ff.).*

Frage: Warum erinnern wir uns später so hervorragend an Namen, mit denen wir ein wenig „herumgespielt" haben?

Antwort: Während man Assoziationen sucht, die passen (das ist wichtig!), KONSTRUIERT man zwar **zunächst** „nur" den Namen, spinnt aber gleichzeitig erste „Personen-Fäden" für das Wissens-Netz (siehe unten). Man beginnt also, die Person **ein wenig** bzw. (ein wenig) **besser** kennenzulernen. Dies ist jedoch, wie der Begriff „kennen-LERNEN" verrät, genaugenommen ein **Lern-Prozeß** – wenn auch ein spielerischer. Spielen und Lernen schließen einander ja nicht aus, wenn auch unsere Schul-Erlebnisse oft den Eindruck vermittelt haben mögen.

Die Formulierung „Fäden für das Wissens-Netz spinnen" bezieht sich auf eine meiner Gedächtnis-Metaphern: Wir vergleichen alles, was wir wissen, mit einem gigantischen **Wissens-Netz**. Wenn wir zu einem Thema (oder einem Menschen) Neues **hinzulernen**, müssen wir neue Fäden **in** das Netz „einhäkeln" (das fällt uns leicht, weil wir **vorhandene Fäden nutzen** können). Sind Informationen hingegen volkommen neu, dann müssen jetzt erste Fäden „gesponnen" und **ans** Wissens-Netz „gebunden" werden, das fällt wesentlich schwerer.

Denn diese ganz neue Fäden müssen quasi im Nichts „schweben", bis wir eine Stelle finden, an der wir sie festmachen können. Als mir ein Herrn WARDIN das erste Mal vorgestellt wurde, fiel mir blitzschnell ein, daß „ward" auf arabisch „Rose" heißt („wardin" ist, genaugenommen, der indeterminierte Genitiv), so daß ich seinen Namen sofort „begriff" und merken konnte. Sehr zu seinem Erstaunen, denn die meisten Leute finden seinen Namen weniger leicht. Aber dafür können Sie sich vielleicht einen anderen Namen sofort merken, zu dem ich „keinen Zugang" habe, d.h. zu dem in meinem Wissens-Netz **noch kein Faden** vorhanden ist, an den ich ihn „anknüpfen" könnte. Daher gilt natürlich:

Je mehr wir wissen, desto leichter lernen wir mehr.

Unser Gedächtnis funktioniert assoziativ. Deshalb riet man früher, sich zum Namen eine Eselsbrücke zu merken (siehe Rand). Das ist zwar besser als nichts, aber die Spiele, die ich Ihnen in diesem Buch vorschlage, sind weit leichter, effizienter und machen mehr Spaß.

Zum Thema Eselsbrücken gibt es ein kleines didaktisches Hörspiel (33 Minuten), in dem ich Ihnen die Technik des Namen-Merkens über Eselsbrücken vorstellte: *Namens-Gedächtnis,* GABAL.

Merkblatt Nr. 3: 10 Strategische Ansätze

Nach dem Erscheinen meiner zehn strategischen Variationen zum „Lernen-ohne-Lernen" taucht immer die Frage auf, wie neue Strategien oder Spiele dort einzuordnen sind. Diese Spiele untersuchten Begriffe, die es uns ermöglichen, den Gegenstand unseres Interesses weiter (tiefer) zu erforschen. Bezogen auf meine **10 Strategien** (vgl. mein Video-Seminar: *Von Nix kommt nix*, November 2002) können wir festhalten: Das **Generieren** ist gehört zum **5.**, das **Erforschen** zum **4.** Ansatz und der Versuch, mithilfe der neuen potentiellen Metaphern das **Wesentliche** zu erfassen, gehört zum **7. Aspekt!** So werden drei meiner **10 strategischen Ansätze zum Erwerben, Erweitern und Vertiefen von Wissen** spielerisch aktiviert. Hier die komplette Liste:

neudeutsch: NON-LEARNING LEARNING STRATEGIES©

1. **ABC-LISTEN** spontan oder Couvert©
2. **WORT-BILDER** (KaWa.s©) ebenfalls: spontan oder Couvert©
3. **Ball im Tor-Effekt**©
4. **EXPLORER** (Jäger) sein
5. **GENERIEREN** von Ideen, neuen Gedanken
6. **IMITATION**s-Spiele
7. Das **WESEN**-tliche erfassen
8. **Quiz-, Rätsel-, Wissens-** und **Ratespiele**
9. **VARIATIONEN** (einfach & komplex)
10. **ZITATE** als **ZUGANG** zu einem Thema oder Wissensgebiet

Literaturverzeichnis

1. ARMSTRONG, Thomas: *Das Märchen vom ADHS-Kind.* Junfermann, Paderborn 2002
2. CARROLL, Lee/TOBER, Jan: *Die Indigo-Kinder* (Original: The Indigo children. 1999). KOHA-Verlag, Burgrain, 4. Auflage 2001
3. d'AVIS, Winfried: *Der informierte Mensch.* Edition im Quintessenz Verlag 1999
4. FEYNMAN, Richard P.: *Sie belieben wohl zu scherzen, Mr. Feynman – Abenteuer eines neugierigen Physikers.* Piper, München, 12. Auflage 2002
5. FEYNMAN, Richard P.: *Kümmert Sie, was andere Leute denken? – Neue Abenteuer eines neugierigen Physikers.* Piper, München 1996
6. FEYNMAN, Richard P.: *Was soll das alles? Gedanken eines Physikers.* Piper, München 2001
7. FEYNMAN, Richard P.: *Es ist so einfach. Vom Vergnügen, Dinge zu entdecken.* Piper, München 2001
8. KORZYBSKI, Alfred Graf von: *Science and Sanity.* USA 1931
9. LANGER, Ellen J.: *Kluges Lernen – Sieben Kapitel über kreatives Denken und Handeln.* rororo, Reinbek 2002
10. LANGER, Ellen J.: *The Power of Mindful Learning.* Perseus, Cambridge 1998
11. POSTMAN, Neil: *Keine Götter mehr – Das Ende der Erziehung.* dtv, München 1997
12. POSTMAN, Neil: *Wir amüsieren uns zu Tode – Urteilsbildung im Zeitalter der Unterhaltungsindustrie.* Fischer Taschenbuch Verlag, Frankfurt/Main 1988

Internet-Adresse
www.birkenbihl.de

In diesem Buch zitierte Werke von Vera F. Birkenbihl:
1. *Das große Analograffiti-Buch.* Junfermann Verlag, Paderborn 2002
2. *Das innere Archiv.* GABAL Verlag GmbH, Offenbach 2002
3. *Der Birkenbihl Power-Tag.* mvg, Landsberg/München, 3. korrigierte Auflage 1999
4. *Steine im Fluß.* e-book über www.birkenbihl.de
5. *Von nix kommt nix.* Video-Seminar, GABAL Verlag GmbH, Offenbach
6. *Namens-Gedächtnis.* Didaktisches Hörspiel, GABAL Verlag GmbH, Offenbach
7. *Intelligente Party-Spiele.* Urania, Berlin 2002
8. *Psycho-Logisch richtig verhandeln.* mvg, Landsberg/München, 14. Auflage 2003

Ausführliche Informationen sowie einen aktuellen Gesamtüberblick zu all meinen Büchern, Video-Vorträgen, Ton-Kassetten etc. finden Sie auf meiner Website www.birkenbihl.de

Stichwortverzeichnis

A
ABC-Listen 15, 50, 56ff., 102
  Beispiel 1: Bienen 50ff.
  Beispiel 2: Killerbienen 56f.
  Beispiel 3: Lesen 59f.
  Beispiel 4: Selbstheilungskräfte 64f.
  Beispiel 5: Gicht 74f.
  Beispiel 6: Konfliktforschung 77ff.
  Beispiel 7: Steinadler 79ff.
  Beispiel 8: Winterschlaf der Bären 82ff.
  Beispiel 9: Mathematik 87ff.
ADHD 58
aktives Hören 104
allererste Übungen 24
Alz-HEIM-er 37
analoges Denken 13f.
Analograffiti-Techniken 14
Analograffiti© 14
Anfangsbuchstaben 11
Ansätze, strategische 118
Antworten 103
Arbeitslosigkeit 112
ARMSTRONG, Thomas 58
arte-Themenabend 87ff.
Assoziationen 11ff., 21, 27, 36, 38, 42, 116
assoziatives Denken 26, 103
Ausbeute 13

B
BARTLETT, Robert 41
Basis für Überleben 113
Basis-Spiel 21
Bären, Winterschlaf 82ff.
BBC-Bericht 64f., 69, 71f.
Begreifen 73
Begriff/e 16f., 41, 93

bekannte Namen 18
berühmte Personen 30
bewußte Wahrnehmung 16
Bienen 50ff.
Bild 14
Bilder-Rätsel 9, 13, 32, 37
Blutdruck 71
Buchstaben 27

C
CARROLL, Lee 58
Couvert-Technik© 42, 44

D
Denk-Fehler 38
Denk-Prozeß 33
Denk-Techniken 16
Denk-Tool/s 13, 107
Denken,
  assoziatives 26, 103
  lineares 13
  analoges 14
Denken, analoges 13
DIMETRIADES 62, 72
Diskussion 91
Doppel-Bedingung 104

E
Einstiegs-Quiz 9
  1. Aufgabe 9f.
  2. Aufgabe 11f.
  3. Aufgabe 12
Embargo 45f., 48f.
Embargo-Experiment 112ff.
ENGELS, Friedrich 37
Entsagung und Elend 113
Erforschen 118

Ergebnis 16
Ernte & Saat 14
Eselsbrücke 117
ETZIONI, Amitai 40
experimentelles Lern-Spiel 47

F
Falkland-Krieg 62, 70
Fäden 38
Fäden 38, 117
Fäden, neue 116
Ferien 11f.
Fernsehen, passives 104
Filter, unterschiedliche 93
Flick 27
Formulierung 107f.
Frage (Beziehung
   zwischen Frage und Wissen) 12
Frage-Haltung, innere 103
Frage-Training 109
Fragen 94, 103, 106
Fragen basteln 102
Fragen, negativ formulierte 108

G
Gedächtnis 14, 116f.
Gedächtnis-Probleme 16
Gehirn-Benutzer 17
Gehirn-Besitzer 17
Gehirnforschung 46
Geld entwertet 113
Gen 62
Generieren 118
Geographiespiel 11
Geschichts-Prüfung 94
Gesprächs-Einstieg 27
Gicht 74ff.
GLOTZ, Peter 33
grafein 14

Graffiti 13
Grundlage für alle Spiele 13

H
Heiler 68
Hieroglyphe 39
Hinführung 9
Hintergrund 16ff.
Hintergrund-Info 101
Hintergrund-Wissen 101
Hören, aktives 104

I
iatrogen 66f., 69fl
iatrogener Probleme 68
Ideen-Blasen 48, 112
Info 90
Info-Manager 17
Informationen 17, 102, 104
innere Frage-Haltung 103
Interesse für Namen 20
Inventur 42

J
JAKE 26

K
KaGa.s© 13
KaGa.s© 50
KaGa© 12f., 14f., 21ff., 25f., 32ff., 34ff.,
   40f., 43, 45f., 50, 53ff., 56ff., 65f., 69,
   72f., 76, 78, 81, 85f., 88f., 90, 92, 108,
   111, 117
BARTLETT 41
Bienenstock 53
Embargo 46
ETZIONI 40
explorativ 55
Fäden 117

Ferien 12
Flick 27
Formulierung 108
Gicht 76
iatrogen 69
Inventur 43
JAKE 26
Killerbienen 57
Konflikt(-Forschung) 77
Mathe 89
Mathematik 88
MEIER 32
MÜLLER 23f.
Name 21, 22
Peter GLOTZ 33
PROBST 36
Quark 25
Raumfahrt 86
Schock 66
Schwänzeltanz 54
Seele 43
Selbstheilung 73
Speicher 45
Spiel 14
Steinadler 81
TASSER 34
TAUCHER 35
TESCH 21
Vergnügen 111
Winterschlaf 85
Kennenlern-Namens-Spiel 27ff.
Killerbienen 56f.
Kinderspiel 18
Kindsbett, Tod im 68
Kladde/n 46
Kompetenz 11
Konfliktforschung 77ff.
konstruieren 18
Konstruktion 16, 66

kreativ schummeln 33, 109
Kreativ-Tools 14
Kreuzwort-Rätsel-Frage 21
Kunstfehler 68
künstlichem Winterschlaf 86

L
LANGER, Ellen J. 73, 101, 104
Lern-Instrument 14
Lern-Prozeß 116
Lern-Spiel, experimentelles 47
   Variationen 47
Lernen-ohne-Lernen 118
Lernstoff 95f., 109
Lesen 59f.
linearen Denken 13
LISTER 67
Logik 108
lustvoll 14
Lücken 90

M
Mathe 89
Mathematik 87ff.
Maya-Hieroglyphen 32
Meckern verboten 29
MEIER 32
Menschen 18
Metaphern-Spiele 15
MindMap® 26
Mini-Quiz 62
mit Namen spielen 20ff.
Mittelklasse stirbt/tot 114
Modul/e 15
momentane Spielchen 42
MÜLLER 23f.

N

Name 17, 21f.
Namen 16, 18, 30f., 32, 36, 41, 93
Namen, bekannte 18
Namen, mit N. spielen 20ff.
   Variante 1 27ff.
   Variante 2 29
   Variante 3 30
   Variante 4 30
   Variante 5 30f.
Namens-ABC 43
Namens-Spiele 15, 16ff.
negativ formulierte Fragen 108
neue Fäden 116
Nicht-Personen 30
nomen 17
Non-Learning Learning-
   Strategien© 102, 118
normal 24

O/P

Olympiade verboten 115
passives Fernsehen 104
Personen, berühmte 30
persönliche Power 14
POSTMAN, Neil 15, 96, 107
Postskriptum 9
Power, persönliche 14
Probleme, iatrogener 68
PROBST 36
Prüfung 109
Punkte 28

Q

Quark 25
Quiz (USA-Irak-Krieg) 96ff.
   Runde 1 96ff.
   Runde 2 98ff.
   Runde 3 101ff.

Quiz 95
Quiz-(Fragen-)Spiele 15, 94ff.
Quiz-Effekt© 101, 102ff.
Quiz-Master 95f.
Quiz-Sendung 91
Quiz-Spiel 96, 102, 105, 109

R

Raumfahrt 86
Raumfahrt-Probleme 82
re-konstruieren 16, 46
Re-Konstruktion 66, 73
Reisepässe 11f.
Religion 114f.
Rhetorik-Training 92
Ritalin-Kinder 58
Rundum-Gedächtnis© 70
RYAN, Jim 69ff.

S

Saat & Ernte 14
Schlüsselbegriff/en 65f.
Schlüsselwort/e 11f., 28
Schock 66
schreiben, waagerecht 33
Schrift 14
Schummeln, kreativ 33, 109
Seele 43
Selbstheilung 73
Selbstheilungskräfte 64f., 71
Selbstheilungsprozesse 72
Selbstwertgefühl 112
SEMMELWEISS 67
Solitaire 15
Sparschweinchen-Zeiten 110
Spaß 14
Speicher 45
Spiel/e 14, 16, 18
Spiel-Arten 42

Spiel-Möglichkeiten 105
Spiel-Regeln 90ff.
Spiel-Variationen 90ff.
 Basis Wissens-Spiel 90
 Variation 1 90f.
 Variation 2 9
 Variation 3 91
 Variation 4 92f.
Spielchen, momentane 42
Spielregeln 27
Stadt-Land-Fluß-Effekt© 11f., 73
Stadt-Land-Fluß-Spiele 11
Star Trek 25
Steinadler 79ff., 81
Stichwörter 90
strategische Ansätze 118

T
TASSER 34
TAUCHER 35
Terminus 17
TESCH 21
TOBER, Jan 58
Tod im Kindsbett 68
Training 14

U
Unterkühlung 72
unterschiedliche Filter 93
Ursache 16
USA-Irak-Krieg 95
 Quiz 96ff.
Übungen, allerersten 24

V
Vergleich 91
Vergleichs-Spiel 90f.
Vergnügen 111
Verhaltens-Veränderung 103

Verletzungen 62
Vietnam-Krieg 62, 70
Vortrags-Variante 91
Vorträge mit Video-Vergleich 92f.
Vorwissen 38

W
waagerecht schreiben 33
wahrnehmen 16
Wahrnehmung 66
Wahrnehmung, bewußte 16
WARDIN, Bodo 116
Werkzeuge 13
Winterschlaf 85
Winterschlaf der Bären 82ff.
Winterschlaf, künstlichem 86
Wirklichkeit 66
Wissen (Beziehung zwischen
 Frage und Wissen) 12
Wissen 103, 106
Wissen, mit W. spielen 41ff.
Wissens-ABC.s 42, 44, 54
Wissens-Erwerb 102
Wissens-Fäden 38
Wissens-Gebiet 105
Wissens-Insel 104
Wissens-Netz 38, 116
Wissens-Quiz 101, 105
Wissens-Speicher 15, 45, 50
Wissens-Spiel/e 15, 53, 90
Wissens-Spiel-Idee 92
Wort 17
Wort-BILD/WORT-Bild 32ff., 34
Wort-Bilder 42, 45, 52
Wort-Bild/er 13, 26, 45, 47, 52f., 66

Anzeige

GABAL: Ihr „Netzwerk Lernen" – ein Leben lang

Ihr Gabal-Verlag bietet Ihnen Medien für das persönliche Wachstum und Sicherung der Zukunftsfähigkeit von Personen und Organisationen. „GABAL" gibt es auch als Netzwerk für Austausch, Entwicklung und eigene Weiterbildung, unabhängig von den in Training und Beratung eingesetzten Methoden: GABAL, die **G**esellschaft zur Förderung **A**nwendungsorientierter **B**etriebswirtschaft und **A**ktiver **L**ehrmethoden in Hochschule und Praxis e.V. wurde 1976 von Praktikern aus Wirtschaft und Fachhochschule gegründet. Der Gabal-Verlag ist aus dem Verband heraus entstanden. Annähernd 1.000 Trainer und Berater sowie Verantwortliche aus der Personalentwicklung sind derzeit Mitglied.

Lernen Sie das Netzwerk Lernen unverbindlich kennen.
Die aktuellen Termine und Themen finden Sie im Web unter **www.gabal.de**.
E-Mail: info@gabal.de.

Telefonisch erreichen Sie uns per 06132.509 50-90.

Die Mitgliedschaft gibt es quasi ab 0 Euro!
Aktive Mitglieder holen sich den Jahresbeitrag über geldwerte Vorteil zu mehr als 100% zurück: Medien-Gutschein und Gratis-Abos, Vorteils-Eintritt bei Veranstaltungen und Fachmessen. **Hier treffen Sie Gleichgesinnte, wann, wo und wie Sie möchten:**

- Internet: Aktuelle Themen der Weiterbildung im Überblick, wichtige Termine immer greifbar, Thesen-Papiere und gesichertes Know-how in form von White-papers gratis abrufen
- Regionalgruppe: auch ganz in Ihrer Nähe finden Treffen und Veranstaltungen von GABAL statt – Menschen und Methoden in Aktion kennen lernen
- Jahres-Symposium: Schnuppern Sie die legendäre „GABAL-Atmosphäre" und diskutieren Sie auch mit „Größen" und „Trendsettern" der Branche.

Über Veröffentlichungen auf der Website (Links, White-papers) steigen Mitglieder „im Ansehen" der Internet-Suchmaschinen.
Neugierig geworden? Informieren Sie sich am besten gleich!

„Es ist viel passiert, seit Gründung von GABAL: Was 1976 als Paukenschlag begann, ... wirkt weit in die Bildungs-Branche hinein: Nachhaltig Wissen und Können für künftiges Wirken schaffen ..."

(Prof. Dr. Hardy Wagner, Gründer GABAL e.V.)

Vera F. Birkenbihl bei JUNFERMANN

Vera F. Birkenbihl
Autorin von „Stroh im Kopf?"

Das große Analograffiti-Buch
240 Seiten, gebunden, ISBN 3-87387-493-8, € (D) 24,90 mit Poster und CD

Stimmen zum Buch

„MEISTERHAFT!! Noch nie war es so einfach, Kreativität und Wissen spielerisch zu vergrößern." – G.B.

„Dieses Buch ist ganz große Klasse! Ich entdecke einen genialen Meilenstein der gehirn-gerechten Wissensvermittlung." – H.W.

„Absolut faszinierend!" – A.C.

Best of www.birkenbihl.de
128 Seiten, kart., ISBN 3-87387-527-6, € (D) 9,80

Stimmen zum Buch

„»Birkenbihl at her best« in komprimiertester Form."
– business bestseller selection

„Aha-Erfahrungen sind mit diesem Buch vorprogrammiert."
– SECS Kombi-Newsletter

„Preiswert, aber prallvoll!" – H.B.

Vera F. Birkenbihl

Warum wir andere in die Pfanne hauen ...
112 Seiten, kart., ISBN 3-87387-535-7, € (D) 9,90

Stimmen zum Buch

„Ein äußerst wertvoller ‚Wanderführer', um im ‚Minenfeld' des Kommunikations-Alltags gekonnt die unweigerlich lauernden Sprengsätze in und um uns zu entschärfen. Das ideale Einstiegsbuch, das die wesentlichsten Ansätze für ein besseres Miteinander, auf den neuesten Stand gebracht, enthält." – L.M.S.

Mehr Informationen unter www.junfermann.de

www.junfermann.de

JUNFERMANN
Postfach 1840 • D-33048 Paderborn
Tel.: 05251-13 44 -0 • Fax: -44
eMail: ju@junfermann.de

Vera F. Birkenbihl
Intelligente Rätsel-Spiele
So verbessern Sie Ihre Fähigkeit, logisch zu denken!

ISBN 3-442-16611-X

Wer die Kunst des Fragens beherrscht und es versteht, Themen gezielt einzukreisen, hat mehr Erfolg – ob in Verhandlungen, Gesprächen oder im täglichen Miteinander. Die erfolgreiche Trainerin Vera F. Birkenbihl zeigt anhand origineller Rätsel-Spiele, wie verschiedene Ebenen zu weit reichhaltigerer Wahrnehmung führen. 33 neue Beispiele laden Anfänger und Geübte zum Probieren und Improvisieren ein und bringen die grauen Zellen mit Spaß auf Trab. So lernt man, strategisch klug vorzugehen.

Erhältlich überall dort, wo es Bücher gibt.

Vera F. Birkenbihl
Wissens-Spiele